JEAN LORRAIN

HEURES
D'AFRIQUE

DEUXIÈME MILLE

PARIS
BIBLIOTHÈQUE-CHARPENTIER
EUGÈNE FASQUELLE, ÉDITEUR
11, RUE DE GRENELLE, 11

1899

HEURES D'AFRIQUE

EUGÈNE FASQUELLE, éditeur, 11, rue de Grenelle

OUVRAGES DU MÊME AUTEUR

dans la **BIBLIOTHÈQUE-CHARPENTIER**

à 3 fr. 50 le volume.

Sonyeuse. . . . . 1 vol.
Buveurs d'âmes (2e mille.) . . . . 1 vol.
Sensations et souvenirs (2e mille.) . . . . . 1 vol.
L'ombre ardente (2e mille.) . . . . 1 vol.

---

dans la **COLLECTION PARISIENNE ILLUSTRÉE**

à 2 francs le volume.

Ames d'automne, illustrations de Heidbrinck. 1 vol.

IL A ÉTÉ TIRÉ DE CET OUVRAGE :

*Dix exemplaires numérotés à la presse,
sur papier de Hollande.*

Paris. — L. Maretheux, imprimeur, 1, rue Cassette. — 13756.

JEAN LORRAIN

HEURES D'AFRIQUE

DEUXIÈME MILLE

PARIS
BIBLIOTHÈQUE-CHARPENTIER
EUGÈNE FASQUELLE, ÉDITEUR
11, RUE DE GRENELLE, 11

1899
Tous droits réservé

HEURES D'AFRIQUE

FRUTTI DI MARE

MARSEILLE

LA VILLE

Marseille, le brouhaha de sons et de couleurs de sa Cannebière, la flânerie heureuse de ses négociants déambulant de cafés en cafés, l'air de commis voyageurs en vins et en huile, l'exubérance de leurs gestes, leur *assent* et la gaieté comique de leurs grands yeux noirs, la mimique expressive de leurs *belles faces d'hommes, té*, tout ce tumulte et cette joie changeant presque en ville d'Orient, mi-italienne et mi-espagnole, ce coin animé des rues Paradis et Saint-

Ferréol et jusqu'à ce cours Belzunce, avec son grouillement de Nervi en chemises molles et pantalons à la hussarde et de petits cireurs, se disputant la chaussure du promeneur.

Et là-dessus du soleil, un ciel d'un bleu profond, à souhait pour découper l'arête vive des montagnes, et des étals de fleuristes encombrés de narcisses et de branches d'arbousiers en fleurs; et des rires à dents blanches de belles filles un peu sales, et des paroles qui sentent l'ail, et à tous les coins de rue des marchands de coquillages, et des attroupements d'hommes du peuple et d'hommes bien mis, pêle-mêle autour de la moule, de l'huître et de l'oursin. Oh! ces rues fourmillantes, odorantes et rieuses, dont trois corps de métiers semblent avoir accaparé les boutiques : les confiseurs, les lieux d'aisances et les coiffeurs.

Et c'est, dans l'atmosphère, une odeur d'aïoli, de brandade et de vanille qui s'exaspère au bon soleil.

Et dire qu'à Paris, il gèle, il vente et qu'on patine... Ah! qu'il est doux de s'y laisser vivre, dans ces pays enfantins et roublards, compromis par Daudet et réhabilités, *té*, par Paul Arène, loin du Paris boueux, haineux et tout à l'égout des brasseurs d'affaires, de délations et de toutes les besognes, poussés, comme les helmintes de la charogne, autour du cercueil du colonel Henry.

Oh ! l'invitation aux voyages de Charles Beaudelaire :

> Oh ! viens, ô ma sœur,
> Songe à la douceur
> D'aller là-bas vivre ensemble.

Comme elle la chante, cette invitation, la Méditerranée, dans chacune de ses vagues d'une transparence si bleue que le fond de roches de ses bords resplendit à travers comme une pâleur entrevue de naïade, et jusque dans l'eau croupie du vieux port, dans cette eau huileuse et figée, aux reflets et aux senteurs de plomb. Elle la chante encore, la nostalgique invitation pour ailleurs, la Méditerranée des Roucas Blancs, et de Mayrargues, et de la Corniche, à travers les drisses, les vergues et les mâtures, dressées, telle une forêt, entre le fort Saint-Jean et les bastions du Faro, sous l'œil de la *Bonne-Mère*, Notre-Dame de la Garde, dont la gigantesque statue dorée, hissée haut dans le ciel, au fin sommet de son clocher de pierre, surveille et protège la ville et ses deux ports.

Ici, la Joliette, avec le môle de son interminable jetée, ses bassins bondés de navires, la coque noire des transatlantiques perpétuellement en partance pour des destinations enivrantes, ces villes d'or et d'azur dont la sonorité chante et frémit avec un bruit de soie à travers les poèmes de Victor Hugo : Oran, Alger, Tunis, Messine et Barcelone, et voilà que des sons de guitare, aigres et perçants, égratignent l'air...

Messine, Barcelone! Nous revoici dans le vieux port, sur ces vieux quais de la Marine, obstrués de bateaux, de barques et de barquettes, sur ces quais poussiéreux aux hautes maisons étroites d'un autre siècle, rongées par le mistral, le soleil et la mer, avec leur enfilade de ruelles en escaliers, tortueuses et puantes, où chaque embrasure de porte encadre une silhouette de fille en peignoir; et c'est bien Messine et Barcelone, en effet, que promènent de bar en bar et de *maison* en *maison* le farniente tout italien et le rut à coups de couteau de tous ces matelots de race latine, Gênois, Corses, Espagnols, Maltais et Levantins, débarqués de la veille qui se rembarqueront demain, descendus là gaspiller, en une journée de bordée et de crapule, leur gain de trois à six mois, en une escale entre Trieste et Malaga ou entre Smyrne et Rotterdam.

Et des nasillements d'accordéon grincent et se mêlent à des refrains de beuglant parisien ; couplets de l'avant-veille lancés dans la journée par quelque étoile de troisième ordre à la répétition du Palais de Cristal, « Pa-na-ma-boum-de-là-haut », blague française et gigue anglo-saxonne, pot-pourri imprévu d'une musique de paquebot anglais donnant aubade à quelque patron de bar mal famé de chiqueurs (souteneurs marseillais). Les chiqueurs, les hommes à grands feutres gris et à pantalons trop larges qui flânent, cravatés de rouge, de midi à minuit, sur le port, pendant qu'aux bords des quais, dans une lumineuse poussière d'or, halètent et se démènent, les bras et les reins nus, comme moirés de sueur, les portefaix déchargeurs de farine, de blé, d'alfa ou de pains d'huile, ceux-là même dont Puget a immortalisé, dans ses cariatides, les profils de médailles et les pectoraux musclés de gladiateurs.

Marseille !

LES BAS QUARTIERS

Marseille !

Au fond d'un bouge obscur où boivent des marins,
Bathyle, le beau Thrace aux bras sveltes et pâles,
Danse au son de la flûte et des gais tambourins.

Dans le quartier du vieux port, au cœur même des rues chaudes où la prostitution bat son quart au milieu des écorces d'orange et des détritus de toutes sortes, un bar de matelots : devanture étroite aux carreaux dépolis, où s'encadrent de faux vitraux.

C'est la nuit de Noël; des trôlées d'hommes en ribotte dévalent par les escaliers glissants des hautes rues montantes; des injures et des chansons font balle, vomies dans tous les idiomes de la Méditerranée et de l'Océan. Ce sont des voix enrouées, qui sont des voix du Nord et des voix du Midi, qui sont toutes zézayantes. Vareuses et tricots rayés, bérets et bonnets de laine descendent, qui par deux, qui par groupes, jamais seuls, les yeux riants et la bouche tordue par la chique, avec des gestes de grands enfants échappés de l'école. Il y en a de toutes les nationalités, de toutes les tailles ; et, la démarche titubante, quoique encore solides sur leurs reins sanglés de tayolles, ils avancent par grandes poussées; leurs saccades vont heurter dans la porte de quelque bouge, où toute la bande tout à coup s'engouffre; puis d'autres suivent, et c'est, dans le clair-obscur des ruelles, taché çà et là par la flambée d'un numéro géant, une lente promenade de mathurins en bordée, plus préoccupés de beuveries que d'amoureuses lippées, et que les filles lasses invectivent au passage.

Et pourtant, dans tout ce quartier empestant l'anis, le blanc gras et l'alcool, c'est le défilé de toutes les rues célèbres dans les annales de la prostitution, la rue de la Bouterie, celle de la Prison, la rue des Bassins, la rue Vantomagy, enfin, où Pranzini, encore tout chaud de l'égorgement de Mme de Montille, alla si bêtement s'échouer et se faire prendre avec sa passivité d'aventurier gras et jouisseur, en bon Levantin qu'il était, cet assassin à peau fine dont le cadavre, adoré des femmes, étonna même les carabins; puis, autour de la place Neuve, la rue de la Rose (cette antithèse!) et toutes les *via* puantes affectées aux Italiens; et sur chaque trottoir, au rez-de-chaussée de chaque maison toute noire dans la nuit, s'ouvre, violemment éclairée, la chambre avec le lit, la chaise longue et la table de toilette d'une fille attifée et fardée, telle la *cella* d'une courtisane antique, sa boutique installée à même sur la rue avec la marchandise debout sur le seuil. D'autres, rassemblées en commandite, apparaissent haut perchées sous le linteau d'une grande baie lumineuse, murée à mi-hauteur.

Les cheveux tire-bouchonnés piqués de fleurs en papier ou de papillons métalliques, elles se tiennent accoudées, les seins et les bras nus, dans les percales claires des prostituées d'Espagne... et, sous le maquillage rose qu'aiment les hommes du Midi, c'est, à la lueur crue des lampes à pétrole, comme une vision de grandes marionnettes appuyées au rebord de quelque fantastique guignol ; et les : *mon petit! eh, joli bébé! belle face d'homme!* et tous les appels, toutes les sollicitations, toutes les promesses gazouillées par des voix d'Anglaises ou comme arrachées par de rauques gosiers d'Espagnoles, tombent et s'effeuillent, fleurs d'amour pourries, de ces masques de carmin et de plâtre, étrangement pareils les uns aux autres sous l'identique coloriage brutal.

Parfois un homme se détache d'un groupe et, comme honteux, s'esquive et se glisse chez ces dames; une porte vitrée se ferme, un rideau se tire et Vénus compte un sacrifice de plus à son autel, une victime de plus à l'hôpital. Aussi un marin qui se débauche et quitte sa bande est l'exception; en général, qu'ils soient Maltais ou Italiens, Espagnols ou Grecs, les matelots stationnent, s'attroupent devant un seuil, goguenardent la fille et puis passent; tous vont et disparaissent dans le petit bar aux carreaux dépolis garnis de faux vitraux.

Une curiosité m'emporte, je les suis. Dans un couloir en boyau, aux murs peints de fresques grossières, boivent, entassés, des matelots de tous pays. On a peine à se frayer un passage entre les rangs de tables et le comptoir en zinc encombré de liqueurs; au fond, l'étroit corridor s'ouvre, comme un théâtre, sur une salle carrée où courent, peints à la détrempe, d'exotiques paysages de cascades et de palmiers; de la gaze verte s'y fronce en manière de rideaux, et, dans cette espèce d'Eldorado pour imaginations naïves, des matelots gênois et napolitains valsent en se tenant par la taille ; l'orchestre est un accordéon. Pas une seule femme dans l'assistance, hors la musicienne, une vieille niçoise en marmotte, écroulée sur une chaise à l'entrée du bal. L'accordéon chevrote une valse de Métra et les Italiens, les yeux en extase, tournent éperdument aux bras les uns des autres, et la fumée des pipes et la buée des vins chauds tendent comme un voile sur leurs faces brunies, éclairées de dents blanches.

NUIT DE NOEL

Et cette joyeuse nuit de Noël, commencée en flâneries à travers les mauvaises rues de la ville, en visites aux filles et en stations devant le comptoir nickelé des bars, pendant que les cloches sonnaient à toute volée des allées de Meilhan à la placette de Saint-Augustin, qui aurait dit qu'elle se terminerait dans le sang, les couteaux catalans et navajas tirés entre Maltais et Mahonnais, Italiens et Grecs, dans une de ces rixes entre Marseillais et Corses qui prennent feu pour une fille, pour un verre ou pour une chaise, animés qu'ils sont les uns contre les autres par une vieille haine séculaire : rixes qui, une fois les couteaux au clair, entraînent tout un quartier, toute une ville, jetant toutes les nations aux prises et taillant, à travers les ruisseaux des rues, de la besogne pour les croque-morts et les internes de l'Hôpital.

Et ce joli petit matelot espagnol, d'une joliesse grimaçante et dégingandée, avec deux grands yeux brasillants dans une face de cire ! Ce svelte et fin gabier de Malaga qui, la veille encore, dansait si furieusement les danses de son pays dans ce bar de Matelots ! qui eût dit, alors qu'il mimait avec une verve si endiablée le boléro de Séville et la Jota Catalane aux applaudissements de tout son équipage entassé là pêle-mêle avec des Grecs, des Yankees, des Anglo-Saxons, qui eût dit qu'on le ramasserait, le lendemain, au coin de la poissonnerie, échoué, le crâne ouvert contre une borne, avec trois trous béants entre les deux épaules et une lame d'acier dans la région du cœur.

Il l'avait dansée gaiement, fiévreusement, avec l'espèce d'ivresse frénétique et funèbre d'un condamné à mort (ou du moins, les événements voulaient qu'il l'eût dansée ainsi), le crâne assassiné de la nuit, sa dernière cachucha, fière comme un défi, lascive et déhanchée comme une danse gitane!

Au fond d'un bouge obscur où boivent des marins,
Bathyle, le beau Thrace, aux bras sveltes et pâles,
Danse au son de la flûte et des gais tambourins.
Ses pieds fins et nerveux font claquer sur les dalles
Leurs talons pleins de pourpre où sonnent des crotales
Et, tandis qu'il effeuille en fuyant brins à brins
Des roses, comme un lys entr'ouvrant ses pétales
Sa tunique s'écarte . . . .
. . . .
Bathyle alors s'arrête et, d'un œil inhumain
Fixant les matelots rouges ds convoitise,
Il partage à chacun son bouquet de cythise.
Et tend à leurs baisers la paume de sa main.

Malgré sa vareuse de laine et sa face camuse bien espagnole de jeune forçat, ses larges maxillaires et sa grande bouche aux lèvres presque noires, cette réminiscence grecque m'était soudain venue quand, souple et fin, il s'était levé de son banc pour venir se camper droit au milieu de la salle, et là, tordant son buste ceinturonné de jaune, et rythmant avec ses bras levés de frénétiques appels, il s'était mis à trépigner sur place, secoué du haut en bas par je ne sais quels tressaillements convulsifs.

C'était hardi, pimenté et d'autant plus imprévu qu'aux valses molles des Gênois et des Napolitains, tournant langoureusement ensemble, avait succédé une sorte de tarentelle canaille, mi de ruisseau, mi de beuglant, grivoiserie soulignée par un Niçois bellâtre en chemise de flanelle rose ouverte sur le poitrail.

Là-dessus, un Anglais blond était venu, au cou rugueux et au teint de brique, qui s'était posé au milieu du couloir, et, d'une voix trouée par le gin et les noces, s'était mis à gueuler un *an happy fellow* quelconque, en trémoussant à chaque refrain un automatique et stupide pas de gigue, qu'accompagnaient de leurs gros souliers à clous tous les mâles aux yeux de faïence attablés dans le bar.

Oh! la pesanteur et la maladresse de ces danses saxonnes, leur côté clownesque et spleenétique, et la grossièreté de ces chansons d'*Oyster maid* reprises et beuglées en chœur! Comme il venait bien après ce divertissement de brutes et ces lourdes saouleries de brandy, le svelte et fier petit matelot de Malaga, joli comme un Goya et comme un Goya un peu macabre, avec sa pâleur verte et son profil absent; et comme elle nous reposait de leurs danses épileptiques et lourdes, cette cachucha suprême où toute la grâce et la gaieté latines se gracieusaient de langueur orientale et d'audace espagnole! Et dire qu'il dansait les deux pieds dans la tombe, et que c'est son âme inconsciente d'enfant, sûrement, et de forban, peut-être, qui flambait en dernier adieu cette nuit-là dans ses prunelles humides et noires.

ORAN

Pour Georges d'Esparbès.

La promenade de Létang, à l'heure de la musique des zouaves. Tout Oran est là, faisant les cent pas sous les eucalyptus des allées, tout l'Oran du quartier français et du quartier espagnol; femmes d'officiers en toilette d'été sous des ombrelles claires, juives oranaises aux faces mortes sous l'affreux serre-tête noir, informes et larveuses dans leur robe de satin violet et de velours pisseux et l'entortillement des châles; étrangères des hôtels vêtues de draps anglais et chaussées de souliers jaunes; bonnes d'enfants mahonnaises coiffées d'écharpes de dentelle, et toute la pouillerie d'Espagne en loques éclatantes et sordides. Tout cela grouille, jase et chatoie aux sons des cuivres de l'orchestre, groupé, qui sur des chaises, qui debout et formant cercle autour des vestes sombres à hautes ceintures bleues et des nuques hâlées et ras-tondues des musiciens.

Çà et là, l'uniforme bleu de ciel d'un turco ou la tenue fine d'un officier de zouaves pique comme d'une floraison guerrière la remuante palette qu'est cette foule ; quelques rares indigènes en burnous y promènent leurs silhouettes bibliques aux jambes sales, pendant qu'accoudé à la rampe de bois des terrasses, tout un régiment de légionnaires regarde, avec des yeux perdus, le ciel pur et la mer.

La mer de soie et de lumière qu'est la Méditerranée de cette côte et sur laquelle va les emporter, dans deux heures, le bâtiment de l'État à l'ancre dans le port.

Hier encore à Sidi-bel-Abbès, demain en pleine mer, en route pour le Tonkin et les climats meurtriers de l'Extrême-Asie : au pays jaune après le pays noir.

La légion étrangère, ce régiment d'épaves

de tous les mondes et de tous les pays, cette espèce d'ordre guerrier ouvert, comme les anciens lieux d'asile, à tous les déclassés, à toutes les vies brisées, tous les avenirs manqués, à toutes les tares et à tous les désespoirs!

Pendant que le 2ᵉ zouaves attaquait je ne sais quelle polka sautillante, je ne pouvais m'empêcher de regarder ces hommes, tous dans la force de l'âge et tous marqués du sceau de l'épreuve, têtes pour la plupart passionnées et passionnantes par l'expression hardie de l'œil et le renoncement d'un sourire désormais résigné à tout; tristes et crânes visages d'aventuriers ayant chacun son mystère, son passé, passé d'amour ou d'ambition, passé d'infamie peut-être; et, songeant en moi-même dans quel pays la France les envoyait dans une heure combattre et mourir, je sentais sourdre en moi une tristesse immense, et, devant leur muette attitude en face de cette mer caressante et perfide comme une maîtresse et qui devait rappeler à plus d'un quelque exécrable et adorée créature, toute la nostalgie de ces regards interrogeant l'horizon pénétrait insensiblement mon âme et la noyait d'une infinie détresse; car, tout en les plaignant, c'est sur moi-même que je pleurais, moi qui me trouvais seul ici, comme eux, abandonné loin de la France et des miens, par lâcheté, par peur de la souffrance, parce que, moi aussi, j'avais fui pour mettre des centaines de lieues, la mer et l'inconnu, le non — déjà — vu d'un voyage, entre une femme et moi.

> Nous avons tous dans la mémoire
> Un rêve ingrat et cher, un seul,
> Songe défunt, amour ou gloire,
> Espoir tombé dans un linceul.
>
> Nul autour de nous ne s'en doute :
> On le croit mort, le pauvre ami ;
> Seul au guet notre cœur l'écoute,
> Le cher ingrat n'est qu'endormi.
>
> Nous restons là, l'âme effrayée,
> Frissonnant s'il a frissonné,
> Et nous lui faisons la veillée,
> Dans une tombe emprisonné.

Et voilà que la foule s'écoulait lentement, confusément, avec un bruit d'armée en marche, la musique du 2° zouaves regagnait la caserne, le ciel et la mer avaient changé de nuances, ils étaient devenus d'un bleu gris et voilé, presque mauve. Indistincte maintenant la ligne de l'horizon ; à un seul point au-dessus des montagnes, une bande d'or vert d'une délicatesse infinie découpait en brun rougeâtre la vieille citadelle aux murs carrés et bas et le frêle campanile de Notre-Dame-de-Santa-Cruz, au sommet de Mers-el-Kébir.

Les allées de promenade, tournantes et ombragées, leurs grands eucalyptus et leurs roses rouges en fleurs, tout s'est décoloré; un réverbère s'allume au pied des hauts remparts, la promenade de Létang est maintenant déserte. Ces points grisâtres là-bas, sur le quai, ce grouillement confus d'ombres incertaines, cette rumeur de voix, ce sont les légionnaires qu'on embarque. Au loin, très loin, un lourd chariot se traîne avec un bruit de sonnailles; c'est la nuit, c'est le soir.

EN ALGER

TLEMCEN

LES ENFANTS

> Le paradis de l'éternité ne se trouve, ô Tlemceniens! que dans votre patrie, et s'il m'était donné de choisir, je n'en voudrais pas d'autre que celui-là.
>
> IBN. KAHAFDJI.

Le charme de Tlemcen, ce sont ses enfants : ses enfants indigènes aux membres nus et ronds, jolis comme des terres cuites qu'un caprice de modeleur aurait coiffées de chechias. Avec leurs grands yeux d'animaux intelligents et doux, leurs faces rondes un peu brunes, éclairées de petites dents transparentes : leurs dents, autant de grains de riz! avec leurs cheveux roux, teints au henné, s'éparpillant en boucles d'acajou, il faut les voir courir en bandes à travers les ruelles étroites, coupées çà et là d'escaliers, de cette ville, bien plus marocaine qu'arabe.

Petits garçons turbulents, râblés et souples dans de longues gandouras qui traînent sur leurs pieds nus, fillettes de dix à douze ans, déjà graves dans les percales jaunes et roses à fleurs voyantes des Espagnoles, leur poitrine déjà naissante serrée dans la veste arabe, et leurs fines chevilles et leurs poignets menus cerclés de lourds bijoux, tout cela va et vient aux seuils des portes basses ouvertes sur la rue, apparaît à l'angle d'un mur éblouissant de chaux, et, dans un jargon gazouillant à la fois mélodieux et rauque, enveloppe brusquement de gestes quêteurs et de petits bras tendus le promeneur égaré, à cent pas de l'hôtel, où commence et finit le quartier français, aussitôt submergé par la ville indigène.

Ville étrange, silencieuse et comme déserte avec ses demeures basses accroupies le long des ruelles ensoleillées, et dont la porte ouverte dérobe, par un coude brusque dès l'entrée, le mystère des intérieurs.

C'est le matin : le pas d'un rare turco se rendant du Méchouar à la place, les bourricots chargés de couffes remplies d'argile de quelque ânier de la plaine, ou la mélopée criarde d'un tisseur, installé dans le clair-obscur de sa boutique, voilà les seules rumeurs matinales de Tlemcen. Au-dessus des terrasses étagées s'escaladant les unes les autres avec, çà et là, le dôme blanchi à la chaux d'une mosquée ou le minaret d'onyx d'El-Haloui ou d'Agadir, c'est un ciel d'outre-mer profond et bleu comme la Méditerranée même, la Méditerranée déjà si lointaine dans ce coin du Sud oranais, c'est l'azur brûlant des pays d'Afrique avec, au nord de la ville, la dominant de toute la hauteur de ses contreforts rougeâtres, l'âpre chaîne en muraille du Djebel-Térim.

Dans l'intervalle des maisons indigènes apparaissent les créneaux des remparts et, dévalant à leurs pieds en massifs de verdure, les vergers de figuiers et les jardins entourés de cactus de la vallée de l'Isser convertie en cultures ; au loin, très loin, à des cinquantaines de lieues, ces lieues lumineuses des pays de soleil où l'œil semble atteindre des distances impossibles, des ondulations bleues qui sont d'autres montagnes et que vous, étranger, vous prenez pour la mer.

Et c'est une sensation étrange, sous cet azur accablant, au milieu de cette fertilité, que cette ville silencieuse et blanche, comme endormie depuis des siècles dans son enceinte de murailles, et sommeillant là, au cœur même des verdures, avec ses minarets et ses mosquées, son sommeil de ville enchantée dans l'abandon et la chaleur.

Mais ses enfants sont là, marmaille grouillante et colorée, tenant à la fois du joujou et de l'objet d'art. Tanagras imprévus échappés à la fois de la sellette du sculpteur et des bancs cirés de l'école, adorable animalité faite d'inconscience et de malice, ils mettent au coin de chaque rue des ébats de jeunes chats et des attitudes de jeunes dieux à la fois nimbés de beauté grecque et de grâce orientale.

Oh! les grands yeux pensifs, vindicatifs et noirs des fillettes déjà femmes! Il faut les voir passer droites sur les hanches, leurs pieds nus bien appuyés au sol, et défiler, impassibles, sous les yeux curieux de l'étranger, en tenant par la main le marmot confié à leur garde. Oh! leur fierté de petites princesses dédaigneuses des roumis, en posant leur grande cruche de cuivre sur la margelle de la fontaine, et la souplesse élastique de leur pas en se retournant, la taille campée sous le fardeau, parce qu'elles se savent regardées, toute cette dignité presque insolente de la femme d'Orient pour le chrétien, à côté de la servilité mendiante et des caresses dans la voix et dans l'œil des petits garçons se bousculant, futurs *Chaouks* d'Alger ou interprètes d'hôtel, autour du petit sou du promeneur! Oh! les enfants joujoux aux cheveux d'acajou, aux doigts teints de henné, avec des anneaux aux chevilles, des ruelles de Tlemcen!

LES CAFÉS

C'est vendredi, le dimanche arabe. L'accès des mosquées, où durant toute la semaine le touriste peut se hasarder en laissant toutefois ses chaussures à la porte, est, ce jour-là, sévèrement interdit aux roumis. Dans la Djemaâ-el-Kébir, comme sous les colonnes d'onyx d'El-Haloui, les indigènes, prosternés sur les nattes ou accroupis par groupes dans les cours intérieures, égrènent de longs chapelets rapportés de la Mecque ou dépêchent en extase des syllabes gutturales qui sont autant de versets du Koran. Dehors, par les rues ensoleillées et blanches, c'est, le long des échopes des tisserands et des brodeurs, la plupart silencieuses et closes, une atmosphère de fête et de repos; la ville est sillonnée de promeneurs : nomades encapuchonnés de laine fauve, Marocains laissant entrevoir des ceintures de soie claire sur de bouffantes grègues de drap mauve ou vert tendre toutes soutachées d'argent ; jeunes indigènes sveltes et musclés dans des burnous d'une blancheur insolite avec, au coin de l'oreille, la branche de narcisses ou la rose piquée sous le foulard du turban.

Avec la joie en dedans, qui est le propre de l'Arabe, toutes ces silhouettes élégantes et racées, chevilles fines et torses minces, vont et viennent, se croisent à travers les rues montantes avec à peine un sourire au passage pour l'ami rencontré ou la connaissance saluée du bout des doigts posés sur la bouche et sur l'œil; et le silence de cette gaieté étonne, cette gaieté majestueuse et hautaine sans un geste et sans une parole au milieu des derboukas et des glapissements de flûtes, bourdonnant au fond des cafés maures.

Ils sont bondés, encombrés aujourd'hui à ne point y jeter une épingle. Un grouillement de cabans et de loques vermineuses y prend le thé et le *kaoua*, vautré sur l'estrade tendue de nattes qui sert ici de lit et de divan. De hâves visages d'ascètes y stupéfient, reculés dans le clair-obscur des capuchons, à côté de grands yeux noirs à paupières lourdes et de faces souriantes d'Arabes de la Kabylie; des uniformes de turcos mettent au milieu de ces grisailles d'éclatantes taches bleu de ciel, car c'est aujourd'hui jour de sortie pour eux, les autorités françaises ont égard à la piété musulmane et toutes les casernes du Méchouar sont dehors.

Depuis dix heures du matin, l'ancienne citadelle d'Abd-el-Kader vomit par son unique porte en plein cintre un flot ininterrompu de *tirailleurs*. Astiqués, guêtrés de blanc, le crâne tondu et la face éclairée d'un sourire à dents blanches sous le turban de Mahomet, ils se répandent joyeux à travers la ville, abordent les indigènes, disparaissent à des coins de ruelles, sous de mystérieuses portes basses, logis de parents ou d'amis, entrent gravement dans les mosquées, stationnent un moment devant les marchands d'oranges, de jujubes et de figues de Barbarie, puis vont s'échouer au café maure, où ils prennent place, graves, au milieu des joueurs, et, tandis que les burnous, allongés dans un indescriptible enchevêtrement de bras et de pieds nus, remuent les dés, les échecs et les cartes ; eux, extatiques et muets, les braves petits tirailleurs algériens, vident avec recueillement l'imperceptible tasse de *kaoua*, hypnotisés par les aigres grincements de quelque joueur de mandoline.

Quelques-uns, en vrais fils de l'Orient, au lieu de l'éternelle cigarette roulée au bout des doigts, fument silencieusement le *kief*. Un enfant dressé à cet usage bourre le narghilé et le tend aux fumeurs ; et, tandis que le maître du café s'agite et va et vient autour de son petit fourneau de faïence, dans les étincellements d'émail et de porcelaine de ses innombrables petites tasses, le fumeur, déjà engourdi par l'opium, laisse tomber d'un geste las le bec du narghilé et s'assoupit, les yeux au plafond, immobile.

Dans des embrasures équivoques, des visages

de mauresques fardées apparaissent. Les pommettes sont d'un rose inquiétant de vin nouveau, des tatouages en étoiles nimbent leurs tempes ou trouent leurs joues d'invraisemblables mouches; la nuit tombe, d'autres portes s'entre-bâillent au coin de ruelles infâmes, et des intérieurs d'une nudité et d'une saleté de tanières s'entrevoient à la lueur d'une chandelle fichée dans un goulot de bouteille ou à même le suif égoutté sur une table; des robes de percales claires et des bustes entortillés de châles se hasardent sur des seuils, des appels et des provocations en idiomes d'Espagne harcèlent des zouaves et des chasseurs d'Afrique qui ricanent et passent; un groupe de turcos entre en se bousculant sous une voûte ornée de colonnettes à chapiteaux de marbre, une odeur d'aromates et de suint s'en échappe; il est six heures, on ouvre les bains maures.

LES VILLES MORTES

Une haute muraille d'argile et de basalte dressant pendant des lieues des contreforts rougeâtres avec çà et là des taches vertes, qui sont des vignes et parfois des lentisques : crêtes déchirées où des flocons de nuages s'accrochent comme des lambeaux de toisons, car la muraille est haute et se perd dans le ciel : la chaîne du Djebel-Térim.

Au pied, d'interminables vignes, des vergers d'oliviers séculaires, des bosquets de figuiers convulsés et trapus, des haies bleuâtres de cactus, cerclant l'orge et le blé des cultures indigènes, et, le long des sentiers bordés de petits murs, des irrigations d'eau vive débordant d'étroits caniveaux creusés à profondeur de bêche, qui vont porter la fraîcheur et la fécondité à travers cinquante lieues de labours et de jardins : la vallée de l'Isser.

Derrière vous, ce mamelon couronné de murs blancs, que chacun de vos pas en avant abaisse et efface, Tlemcen, la cité des Émirs : Tlemcen déjà lointaine et dont les sonneries de casernes, claironnant depuis cinq heures du matin, n'arrivent plus maintenant qu'en modulations vagues, confondues avec les grincements de guitare d'un colon espagnol, rencontré tout à l'heure au tournant d'un chemin.

Et dans cette solitude cultivée, au passant

rare, où nul toit de métairie n'apparaît, tout à coup surgissent devant vous des tours, hautes tours ruinées, éventrées et pourtant se tenant encore. De croulantes murailles les relient ; c'est l'ancienne enceinte d'une ville disparue, s'ouvrant en cirque sur cent hectares jadis bâtis de luxueuses demeures, de palais, de mosquées, de koubas et de bains : Mansourah.

Mansourah, la ville guerrière, dont la splendeur rivale tint huit ans en échec la prospérité menacée de Tlemcen ; Mansourah, la ville assiégeante bâtie à une lieue de la ville assiégée ; Mansourah, dont l'enceinte, aujourd'hui démantelée, éparpille à mi-flanc du Djebel-Térim jusqu'à travers les vallées de l'Isser les moellons de ses tours et les briques vernissées de ses portes, les monuments, les maisons et les rues ayant été rasés par les vainqueurs avec défense à tous les habitants de la plaine de prononcer jamais le nom de la ville détruite et de tenter de bâtir sur son emplacement.

Un siège de huit ans, que soutint la cité des Émirs, s'éveillant un matin, après trois assauts successifs, enveloppée d'une épaisse muraille en pisé dont on admire encore les restes, et, du coup, bloquée, sans communication, privée de vivres et de renforts, et comme ce n'était pas assez, voilà qu'au milieu du camp ennemi s'élevait en même temps une ville. La mosquée surgissait la première, une des plus grandes qui aient jamais existé, ensuite le minaret poste-vigie d'où l'on pouvait, à trente mètres de hauteur, surveiller les allées et venues des assiégés, puis des maisons se groupèrent autour des monuments : palais des grands chefs environnés de jardins, cafés et bains maures, et enfin des demeures plus humbles, abris de fantassins ou des simples cavaliers.

Et ce fut Mansourah, la cité assiégeante, grandie comme dans un rêve menaçant et terrible sous les remparts même de Tlemcen, Tlemcen, la ville investie, affamée et déjà réduite à composition.

Qu'advint-il? Les indigènes ont voué aux sultans Yacoub et Youcef, qui mirent autrefois, dans la nuit des temps, la cité des Émirs en péril, une si fanatique et si vivace haine, qu'il est presque impossible de se faire raconter la légende, et c'est à peine si l'Arabe interrogé sur l'histoire de ces ruines consent à vous en dire le nom comme à regret : Mansourah.

Singulière destinée des choses humaines ! Tlemcen vouée à la destruction subsiste encore, bien plus, est demeurée la reine du Magreb et, toute hérissée de minarets et de mosquées, a conservé intactes les richesses de sa merveilleuse architecture. De Mansourah-la-Victorieuse, il ne reste que des débris de murailles, des tours en ruine ; sur les cent hectares jadis couverts de palais et de luxueuses demeures, colons et indigènes ont planté de la vigne. En vain son minaret de briques roses et vertes se dresse-t-il encore orgueilleusement auprès de sa pauvre mosquée. Vaincue par la Djéma-el-Kébir, le croyant fidèle n'en franchit plus jamais le seuil ; seuls les roumis troublent parfois l'abandon et la solitude de ses salles à ciel ouvert, car les plafonds ont croulé avec l'arceau des voûtes ; et des fissures des anciennes mosaïques ont jailli çà et là des pieds noueux et tordus d'amandiers, dont l'arabe nomade dédaigne même la fleur.

LE CHAMP DES IRIS

Il faisait ce jour-là un ciel pâle et blanc, un ciel d'hiver ouaté de légers nuages, dont la mélancolie nous donnait pour la première fois, avec la sensation de l'exil, le regret de la France; et, fatigués de monter et descendre les éternelles petites rues étroites aux maisons crépies à la chaux, plus las encore de haltes et de marchandages devant les échopes en tanières des ciseleurs de filigranes et des tisseurs de tapis, nous avions pris le parti d'aller promener notre ennui en dehors de la ville, dans cette campagne à la fois verdoyante et morne, que le Djebel-Térim et ses hauts contreforts crénelés et droits attristent encore de leur ombre.

Je ne sais plus quel officier de la place nous avait parlé, la veille, du tombeau d'un marabout fameux, bâti à mi-côte, à quelques lieues de Tlemcen, et dormant là, depuis déjà des siècles, auprès de la mosquée, toute de mosaïque et de bronze, d'une petite ville en ruine, cité mourante du fatalisme de ses habitants, Bou-Médine; et il nous avait plu à nous, qui l'avant-veille avions visité Mansourah, la ville morte, d'aller contempler de près ce grand village arabe, s'émiettant pierre à pierre autour de sa mosquée par obéissance au marabout enterré là; car l'arabe de Bou-Médine ne relève jamais, n'étaye même pas sa maison qui s'écroule. Il laisse s'accomplir la volonté d'en haut; et quand son toit est effondré et la porte de son seuil pourrie, il se lève et va ailleurs; et c'est peut-être en vérité le secret du charme enveloppant, un peu triste et berceur, de Tlemcen et de son paysage, que cette antique ville arabe renaissant sous la domination européenne entre Mansourah, la ville morte, et Bou-Médine, la ville mourante, qui va s'effritant d'heure en heure et se dépeuplant de jour en jour.

Et puis, c'était, nous avait-on dit, dans l'intérieur même du tombeau du prophète, des faïences de la plus belle époque arabe, éclatantes et fraîches comme placées d'hier, et puis il y avait là tout un trésor d'étendards musulmans baignant les mosaïques de merveilleuses soies, et la prière en extase d'éternelles femmes voilées autour d'un puits d'eau vive à la margelle de marbre, la légende attribuant au puissant marabout le don de féconder l'épouse stérile et le miracle des imprévues maternités ; et l'on nous faisait grâce des curiosités de la route ; un des plus beaux décors de la province avec ses talus gazonnés tout fleuris de pervenches, ses haies parfumées de sureau et ses ruisselets d'eau courante arrosant les frêles colonnettes d'autres koubas, tombeaux moins importants de prophètes moins fameux, éparpillant autour de Bou-Médine leurs réductions de dômes, tous blanchis à la chaux.

Et nous filions au galop démantibulé de deux chevaux de louage, les yeux aux cimes des montagnes toutes baignées de vapeurs, la pensée absente, envolée auprès des affections lointaines demeurées au delà des mers et des lieues, vraiment désemparés et désâmés sous ce moite et pâle ciel d'Afrique, ce jour-là si pareil au ciel mélancolique et doux de nos climats.

Tlemcen était déjà loin derrière nous, comme enfoncée au ras de ses remparts sur son mamelon aux pentes ravinées, et déjà le minaret de Bou-Médine se détachait couleur d'onyx auprès du dôme blanc de sa mosquée, à mi-flanc du Djebel-Térim, quand notre voiture tout à coup s'arrêtait : l'un de nous venait de toucher l'épaule du cocher..

A notre droite, de l'autre côté de la route, séparée par un profond fossé, s'étendait une grande pelouse bossuée çà et là de monticules gazonnés et de larges mosaïques. Une hostile haie, cactus bleuâtres et figuiers de Barbarie, enchevêtrait autour leurs raquettes et leurs dards ; un terre-plein traversait le fossé, qui reliait la pelouse à la route, et deux hauts piliers de pierre, coiffés de boules verdies, en indiquaient la porte, une porte béante que continuait, à travers les replis du terrain, une large et sombre allée de cyprès, mais des cyprès géants comme on en voit seulement dans les pays de l'Islam : leurs cônes noirs semblaient dépasser les crêtes des montagnes. « Le cimetière arabe », nous disait notre cocher.

Il était charmant et comme hanté de douces et profondes rêveries, ce cimetière arabe s'étendant là aux portes de la ville, au pied de ces hauteurs abruptes, rougeâtres, couronnées de vapeurs ; et le deuil de ses cyprès et de ses tombes s'éclairait, comme d'une parure, d'une poésie imprévue et touchante... Il était littéralement bleu de fleurs, mais bleu comme la mer et bleu comme le ciel, du bleu profond des vagues à peine remuées, et du bleu un peu mauve des horizons de montagnes, toute une bleue floraison d'iris nains ayant jailli là, foisonnante et vivace, entre les tombes. Iris d'Afrique presque sans tiges, précoces et parfumés, fleurs d'hiver de ces climats enchantés, fleurs de deuil aussi, puisque de cimetières, et réflétant dans leurs calices humides, comme touchés d'une lueur, tous les bleus imaginables, depuis celui de la Méditerranée jusqu'au bleu transparent des ailes de libellules, et l'azur un peu triste des ciels lavés de pluie et l'azur assombri des pervenches de mars ; et sur ses pentes gazonnées, se renflant et s'abaissant çà et là, c'était comme un soulèvement d'immobiles et courtes vagues ; une mer à la fois verte et bleue, battant les dômes blanchis des koubas et les mosaïques des tombes d'une submergeante écume de fleurs.

« Tu dormiras sous les iris », dit je ne sais quel refrain de poésie arabe ; et, l'âme envahie, pénétrée d'une délicieuse et calmante tristesse, nous allions à travers le champ du repos, observés et suivis çà et là, par les lourds regards noirs des Mauresques voilées, car ce cimetière à l'entrée si déserte et d'apparence abandonné sous son flux de fleurs bleuissantes apparaissait peu à peu peuplé de fantômes. Chacun de nos pas en avant nous en découvrait un assis, les jambes croisées, auprès des sépultures. Silhouettes encapuchonnées d'indigènes immobilisés là, un chapelet entre leurs doigts osseux, avec, sous leurs longues paupières, le regard lointain et fixe des races contemplatives; affaissement d'étoffes et de voiles de femmes en prière, l'air de stryges avec leurs faces pâles masquées du haïck, toutes conversant doucement d'une voix chantonnante et rauque avec l'époux ou le parent mort; car le musulman n'a pas du cadavre et du néant final l'épouvante horrifiée du chrétien. Son imagination lumineuse n'en évoque ni le squelette ni le charnier; il croit son mort endormi, demeuré là vivant sous la kouba de chaux ou la mosaïque de faïence et, comme on vient veiller sur le sommeil d'un enfant, le nomade des plaines et le Maure des villes viennent s'asseoir et rêver durant de longues heures auprès des sépultures chères, dans la méditation du passé et de mystérieux colloques avec l'être défunt; ils ne le croient qu'endormi. Et la preuve de cette foi consolante nous était donnée par un vieux mendiant du désert, biblique silhouette et burnous en loque, accroupi, les mains jointes, sur le bord d'une tombe. « Celle de sa troisième femme, nous disait notre guide », et, bien qu'infirme et presque aveugle, venu là à pied de plus de cinquante lieues passer la journée avec la morte. L'air d'un vieux dromadaire avec sa face ravinée et poilue, il marmottait avec ardeur une espèce de mélopée, ses pauvres jambes maigres repliées sous lui, à la fois touchant et comique sous la garde d'une petite fille de dix ans à peine, tout enjoaillée de bracelets et de sequins, l'allure d'une petite princesse, avec ses grands yeux noirs dans son petit visage fauve; enfantine Antigone dont les petits pieds nus avaient vaillamment trottiné durant des lieues pour amener sur cette tombe ce vieil Œdipe du désert. Ils avaient même apporté avec eux les provisions de la journée, la poignée de dattes légendaire et l'obligatoire couscouss dans une vieille casserole d'étain recouverte d'une large feuille de figuier. Accroupie devant un petit feu de branches sèches, l'Antigone arabe en surveillait la cuisson.

Arrêtés devant le groupe, nous l'admirions en

silence, épiés par l'œil perçant de la petite fille qui se levait enfin et, tout à coup apprivoisée, s'approchait de nous et nous demandait des sous. Tout à coup des ululements et des plaintes aiguës, tout un ensemble de voix lointaines et de rumeurs confuses nous faisaient tourner la tête dans la direction de la ville. Toutes les formes indigènes affaissées sur les tombes s'étaient du même coup redressées sous le burnous ou le haïck, et toutes avec nous regardaient serpenter et descendre en dehors de Tlemcen, dans le chemin en lacet des remparts, un long défilé de gandouras, de cabans et de robes traînant sur leurs pas une sourde mélopée de tristesse et de deuil. Le gémissant cortège sortait d'une des portes ruinées de la ville, zigzaguait un moment sur le mamelon raviné qui l'isole en îlot au dessus de la plaine, et, tel un long serpent déployant ses anneaux, se répandait maintenant dans la campagne.

« Un enterrement arabe, » chuchotait à notre oreille notre cocher-guide. Nous avions cette chance unique d'assister à une des plus belles cérémonies de la religion musulmane dans ce farouche et merveilleux décor. Le cortège entrait déjà dans le cimetière et, tandis que sa file ininterrompue continuait de couler hors de l'enceinte de Tlemcen et de descendre la colline avec des glapissements et des notes de plain-chant barbare, les porteurs de civières s'engageaient déjà dans la grande allée des cyprès, et les trois morts, apparus étendus, à visage à peine couvert, sur les épaules de quatre des leurs, se profilaient avec leurs pieds rigides sous la légère étoffe qui leur sert de linceul. Pas de cercueil : roulé dans une sparterie, le mort arabe rentre dans le néant comme il entre au bain maure, à peine enveloppé d'un voile, et ce peu de souci du cadavre dit assez avec quelle passive indifférence, quel fatalisme calme les croyants de l'Islam envisagent la mort.

Le cortège avait fait halte. Trois à quatre cents indigènes, sans compter ceux trouvés à notre arrivée, peuplaient maintenant ce mélancolique et doux cimetière aux iris. Debout en cercle autour des trois fosses, ils se tenaient tous immobiles, le font incliné et grave, l'œil impassible et la pensée comme demeurée ailleurs. Ils marmottaient, les deux bras étendus en avant, les mains grandes ouvertes, de sourdes paroles qui sont chez eux les prières des morts. Les Arabes en méditation auprès des sépultures, et qui s'étaient levés à l'entrée du cortège, avaient repris leur posture accroupie et répliquaient à ces prières par des balbutiements, tels des répons d'enfant de chœur.

Et dans cette foule d'amis et de parents des morts, rien que des hommes, pas une femme. Mahomet, bien oriental, la bannit de toute cérémonie religieuse comme de la cour de ses mosquées, la confinant au logis pour prier, aimer et pleurer.

La cérémonie touchait à sa fin, les burnous et les gandouras se touchaient maintenant la barbe et les yeux du bout de leurs doigts fins en signe d'humilité et de deuil ; un immense ululement, comme d'hyènes surprises, s'élevait parmi les tombes : on venait de glisser le mort en terre. La civière s'incline au bord de la fosse et le cadavre, mis lentement en mouvement, y descend, la face tournée du côté de l'aurore, vêtu de son seul suaire et dérobé, suprême pudeur, aux yeux de l'assistance par une étoffe que les parents tiennent tendue comme un voile au-dessus de cet enfouissement. On pose sur ce corps de la terre et des pierres, et dans cette foule, jusqu'alors si grave et si recueillie, ce sont tout à coup des cris, des disputes et des gestes de forcenés autour d'une distribution d'argent, faite à raison d'un sou par invité. Des querelles éclatent, des corps à corps s'engagent. Dans le feu de la lutte, des Arabes roulent par terre, toute l'animalité de ce peuple enfantin et rapace reparaît déchaînée en des menaces et des voies de faits et, dans la bousculade, nous avons ce triste spectacle du pauvre vieil Œdipe du désert culbuté sur la tombe de sa femme et s'agitant désespéré, la plante des pieds en l'air, avec des cris de vieux chacal qu'on égorge, comique, aveugle et lamentable, tandis que sa petite Antigone, tout au lucre, gambade et sautille autour d'un distribueur de sous et réclame deux fois son dû avec des gestes impérieux de sorcière.

Et nous avons quitté le champ des iris.

SIDI-BEL-ABBÈS

Que sommes-nous venus faire dans ce poste du sud oranais, et par quelle malencontreuse idée les guides consultés, depuis le Joanne jusqu'au Bœdeker, mentionnent-ils dans les curiosités à voir ces quatre grandes casernes entourées de remparts avec, autour d'elles, quatre grandes rues de banlieue, poussiéreuses et tristes, aboutissant à quatre portes béantes sur la rase campagne, une campagne pelée, tout en pierrailles et en touffes d'alfa, qu'essaie en vain de dissimuler aux regards une grande allée circulaire de platanes.

Ils longent, en effet, les fortifications de la petite ville, et tournent tout autour, défeuillés et tristes, tristes et défeuillés sur un frileux ciel pâle, et mettent sous les lunes et les demi-lunes de Sidi-bel-Abbès la tristesse provinciale et l'incurable ennui d'un cours de sous-préfecture.

Et c'est sous ces platanes que nous promenons notre dépaysement en attendant le départ de la diligence fixé à huit heures ; cela nous fait sept heures d'attente, car nous sortons à peine de table et, chassés de la ville par la navrante banalité des quatre rues européennes, tout en bureaux de tabac et en estaminets, à l'instar de Paris (quelque chose comme un quartier de Courbevoie ou de Puteaux transporté dans la morne aridité du Sud), nous avons encore préféré, de guerre lasse, venir rôder en dehors de la ville, dans ces allées, où du moins des uniformes français, zouaves et légionnaires en petite tenue, manœuvrent, l'arme au bras, et par le flanc droit et par le flanc gauche arpentent le terrain et pivotent aux commandements des moniteurs.

Plus loin, dans un bouquet d'eucalyptus, l'école des clairons s'époumonne : au-dessus des remparts aux talus gazonnés se dressent de longs toits ardoisés de casernes, celle des spahis et celle des turcos pour la soldatesque indigène, celles des zouaves et de la légion étrangère pour l'élément européen.

Sidi-bel-Abbès, poste avancé fondé par le général Bedeau en 1843 pour tenir en respect les Béni-Amer, tribu très dangereuse, très remuante et toujours menaçante du sud oranais.

Les Béni-Amer sont loin; nos pointes dans le sud, étendant chaque jour une lente mais sûre conquête, atteignent aujourd'hui les frontières du Maroc.

Et ce sont ces jeunes recrues emblousées de toile bise sur leurs grègues bouffantes, ces petits légionnaires imberbes et roses de la Suisse ou de la Norvège, dont la vaillantise et l'effort continus agrandissent chaque jour cette unique et merveilleuse colonie d'Algérie, au climat enveloppant de caresse et de torpeur, telle une maîtresse savante et dangereuse.

Mais, morbleu! ce n'est pas ici qu'on voudrait couler ni finir ses jours; ici, c'est bien l'exil dans ce qu'il a de plus douloureux et de plus morne, l'engourdissement d'une affreuse petite ville du Midi d'une laideur de banlieue, aggravée de la sécheresse de cette province d'Oran, si espagnole d'aspect.

Oh! Sidi-bel-Abbès et son vilain petit *Grand Café des Officiers*, à la devanture écaillée de chaleur, aux tables de fer comme lépreuses de rouille, où nous feuilletons, de mâle rage et de désespoir, d'anciens numéros de la *Vie Parisienne*.

Mais qu'est-ce que cette animation subite? Voilà que les rues, tout à l'heure désertes, s'emplissent et s'éclairent d'uniformes ; un grouillement d'indigènes insoupçonnés jusque-là s'agite et bruit à des encoignures de ruelles et de placettes ; des cafés maures s'allument, bondés de vivantes guenilles, colons kabyles et nomades des plaines, avec, çà et là, des vestes bleues de turcos ; des trôlées de zouaves et de légionnaires, traversant à grandes enjambées la place, nous donnent le mot de l'énigme.

Ces sonneries de clairons, dont Sidi-bel-Abbès retentit depuis près d'une demi-heure, et que nous n'avions même pas remarquées, viennent de sonner la soupe ; et c'est l'heure où tout ce qui est permissionnaire de huit heures ou de la nuit sort, en rajustant son ceinturon, de la cour des casernes.

Dans le quartier arabe, tout à coup découvert derrière la place de l'église, montent d'infâmes odeurs de musc et de fritures; les estaminets de France empoisonnent l'absinthe, les cafés maures, encombrés de grands fantômes en burnous et de spahis accroupis, embaument, eux, les aromates et le *kaoua* ; de hautaines silhouettes de spahis vont et viennent par groupes, drapées de grands manteaux rouges, leur fier profil enlinceulé de blanc, et les éperons de leurs bottes luisent dans l'ombre avec les points de feu des cigarettes. Des sons de derboukas glapissent, et je ne sais quelles exhalaisons d'épices et de laine flottent dans l'air, une senteur à la fois écœurante et exquise de charogne et de fleurs violentes, cette espèce de pourriture d'encens, qui est le parfum même de l'Algérie et de tous les pays de l'Islam.

DILIGENCES D'AFRIQUE

Poussiéreuses, démantibulées, sonnant la ferraille et brinqueballant sur des roues écaillées avec un roulis de balancelle, empestant l'oignon cru, l'ail, la laine humide, la sueur humaine et le poulailler, antédiluviennes, enfin, et comme échappées d'un roman de Balzac, que le Dieu des chrétiens et l'Allah musulman vous gardent à jamais des diligences en Alger !

Oh ! leurs caisses inévitablement peintes en jaune, jaune mimosa rechampi de rouge vif, leurs coussins de velours d'Utrecht rongés par la poussière, la lune, le soleil, leurs vasistas inébranlables, leurs banquettes de cuir affaissées, encrassées, gommées de toutes les taches, et leurs relents de cuisine espagnole et de suint arabe (tant de voyageurs d'hiver et d'été, touristes et colons, indigènes et conscrits, s'y sont entassés), et le mystère inquiétant de leurs bâches pointant haut vers le ciel, gonflées de bottes d'alfa, de sacs de pommes de terre, de pois chiches, de couffins de dattes et de paniers d'oranges avec, dans l'ombre de leurs toiles, quatre têtes d'indigènes haut juchés là en l'air, apparaissant imperturbables et calmes, telles des têtes coupées.

Elles s'en vont le long des routes interminables, entre les plaines en pierrailles, hérissées de cactus, et les cultures d'alfa où poussent, çà et là, palmiers nains et lentisques, dans un bruit de sonnaille et de grelots vainqueurs, oh! combien démenti par l'allure harassée de trois pauvres haridelles qu'il faut à tous les relais étriller, ranimer. Elles vont, les tristes diligences d'Afrique, elles roulent, comme secouées de sanglots convulsifs, vers l'éternel recul de hautes montagnes bleues, toujours fuyantes et toujours immobiles dans le mirage des horizons. Ce sont les hauts plateaux, la chaîne de l'Atlas ou bien les monts de Kabylie! Qu'importe. Hallucinantes et spectrales, leurs cimes coiffées de neige se dressent comme toutes proches dans l'or vert des couchants et le rose des aurores entre leurs versants; des ondulations mauves, qui sont ici la mer et plus loin des montagnes, promettent au voyageur des rades ensoleillées avec des bateaux en partance ou de fraîches oasis ombragées de palmiers; bernique! Ce sont là les jeux ordinaires de l'atmosphère de rêve et de clarté des ciels de ces pays. Montagnes, oasis et rades bleues sont loin, et les traînardes diligences d'Afrique continuent de rouler sur l'aveuglant ruban des poussiéreuses routes, lamentables et comiques sous leurs bâches énormes toujours prêtes à sombrer, lamentables surtout par les claquements de fouet et les jurons grondants de leur cocher botté, moustachu et crotté, l'air d'un Tartarin maltais retour d'Alger, comiques par les noms triomphants dont se parent leurs antiques caisses fendillées... car, devinez comment s'appellent ces diligences? le *Vengeur*, le *Jean-*

Bart, Jeanne-d'Arc, le *Surcouf*, toutes les gloires et tous les héroïsmes, et jusqu'au *Courrier de Lyon*, titre au moins équivoque dans la menace du soir, au tournant étranglé de quelque ravin sombre envahi de ficus et de palmiers énormes avec, çà et là, dans l'interstice des roches, des silhouettes d'indigènes, nomades sans chameaux et bergers sans moutons, vraiment par trop singulièrement embusqués.

Et elles vont toujours, et sous le soleil qui brûle, dans l'azur étouffant des longues journées d'été et sous le clair de lune, qui peuple de fantômes la brousse et la clairière et change chaque Arabe en spectre encapuchonné. Elles vont sous les pluies d'hiver, torrentielles et tièdes, qui nettoient une fois, tous les six mois, leurs vitres, et sous le siroco, qui, lui, se charge de les brouiller de craie et leur tisse, en soufflant, des stores improvisés. Elles vont donc bondées de Kabyles marchands de poules, de cheiks en bottes de cuir rouge brodé, d'Espagnoles équivoques aux pommettes trop roses, de conscrits tondus ras avec des yeux encore pleins du ciel de la France, de petits turcos rageurs à profil court de fauve, de colons suants et basanés, de mauresques crasseuses aux poignets lourds d'anneaux et de grands Mahonais, les pieds nus dans des espadrilles, l'air d'échappés du bagne avec leur regard noir et leurs joues mal rasées. Elles vont, râlent, cahotent, semblent à l'agonie et arrivent parfois, invraisemblables et touchants véhicules, demi-corricolos des villes d'Italie, demi-berlines de l'émigré.

MOSTAGANEM

LA ROUTE

> *Pour Gervais Courtellemont, qui voulut me faire faire quinze heures de diligence d'Afrique!*

Six heures de diligence, de diligence d'Afrique, secoués comme des paniers de noix sous la bâche de l'impériale où s'engouffre, depuis trois heures, à la fois sable, flamme et poussière, un terrible siroco; mais nous nous estimons encore heureux de ce voyage à travers les airs, en songeant au sort des Européens emprisonnés dans la puanteur étouffante de l'intérieur. Il y a bien, près de nous, affalé au travers de sacs de pommes de terre, un marchand indigène dont les loques et les jambes poilues voisinent, à chaque cahot, un peu trop près de nos épaules ; mais nous avons calé nos têtes sur des tartans pliés en quatre, mis nos foulards sur nos oreilles, et, garantis tant bien que mal des trop inquiétants contacts, nous roulons et nous tanguons (c'est le mot,) sur notre banquette d'impériale, les yeux à demiclos, le cœur un peu vague, tombés dans une espèce d'engourdissement d'homme ivre, qui tient à la fois de l'influenza et du mal de mer.

A travers le grillage de nos cils baissés, des brousses et des plaines d'alfas, d'un gris monotone de plantes pétrifiées, filent interminablement, lamentables dans le poudroiement d'un ciel presque blanc. Notre peau brûle et des grains de sable craquent sous nos dents, avec, de temps à autre, un grand souffle de feu sur nos lèvres sèches : c'est le siroco, et, le long de la route poudreuse, s'élance et se dresse ici la hampe frêle et feuillagée de vert d'un aloès en pleine florrison, les lames bleuâtres de sa touffe déjà fibreuses et flétries, et plus loin s'échelonnent encore d'autres agaves tués et séchés par l'éclosion de leur fleur.

Et Mostaganem qui n'apparaît pas encore! Mostaganem que depuis déjà deux heures notre cocher s'obstine à nous montrer du doigt, au revers, il est vrai, d'une colline en falaise, dont nous ne pouvons voir que le premier versant. Oh! ce cocher et ses relents de vieille laine et de crasse à chacun de ses mouvements sur son siège, ses perpétuelles haltes à tous les bouchons espagnols, ses pourparlers avec la cabaretière en châle rose et les colons à face de bandits, inévitablement attablés là sous les poivriers d'une primitive tonnelle, et les mortelles minutes dévorées à attendre que cocher, cabaretière et terrassiers louches aient fini leurs colloques et vidé leurs verres. Si jamais on nous y reprend à croquer le marmot, la poussière et les lieues sous la bâche en cerceaux d'une diligence d'Afrique!

Cependant l'air fraîchit. Une brise, comme venue du large, baigne nos tempes martelées par la fièvre, et voilà qu'un grand lambeau d'azur, mais d'un azur qui moutonne comme une baie de l'Océan, apparaît dans l'échancrure de deux montagnes : c'est la mer. La colline en falaise qui cache Mostaganem s'est soudain abaissée et voici que nos rosses, que vient de ranimer ce changement de la température, hennissent et descendent maintenant au grand trot la rampe d'un chemin tout bordé de nopals, au flanc d'un inattendu repli de terrain.

Après ces mornes lieues de plaines ensoleillées et grises, nous filons dans le creux d'un vallon converti en culture : bosquets d'orangers au feuillage d'un vert dur, quinconces de citronniers aux frondaisons plus pâles, plantations de bananiers aux longues et souples feuilles déchirées par le vent, et chargés de régimes, carrés de choux de France et de petits pois à rames avec, au pied, des arbustes d'Afrique, des champs de violettes et d'entêtants narcisses criblés d'une jonchée de jaunes fruits tombés : tout un Eden de gourmandises et de parfums... et voilà que la colline en falaise, qui s'était abaissée, se relève. Nous roulons maintenant au fond du vallon, et dans les fissures du ciel blanc, comme craquelé de chaleur, des morceaux bleus font trou. La mer, elle, est devenue verte, du vert glauque strié d'écume des baies normandes et bretonnes, la mer des nostalgiques horizons de nos années d'enfance.

> Dans les algues vertes,
> Mer, apporte-moi
> Des plages désertes
> Du bois pour mon toit,
> De la poudre sèche,
> Un fusil damasquiné,
> Des filets de pêche,
> Avec un ruban pour mon nouveau-né.

Et tandis que cette chanson de la côte nous hante au point de l'avoir sur les lèvres, nous montons au pas la colline en falaise au sommet de laquelle nous apercevrons enfin Mostaganem, la Mostaganem française bâtie en face de la mer et dominant de ses casernes tout son faubourg de villas d'officiers retraités, enfouies sous d'éclatantes floraisons de bougainvillias et de faux ébéniers.

LA VILLE

Non, nous n'en raffolons pas de cette petite ville essentiellement française avec sa place entourée d'arcades, les éternelles arcades que nous retrouverons désormais partout en Algérie, sur la place de Blidah comme dans les rues Bab-Azoum et Bab-el-Oued d'Alger, son jardin public aux bancs fleuris d'uniformes et de bonnets de nourrices, son va-et-vient d'officiers bottés et éperonnés à travers ses rues de sous-préfecture morne, et son théâtre municipal, où il y a, ce soir, bal des *Femmes de France*, et demain, représentation de gala de Coquelin cadet et de Jean Coquelin, Oh! tournées artistiques!... C'est à se croire à Brive-la-Gaillarde, et, sans les boutiques des marchands Mozabites installés à côté de l'hôtel et débitant là, avec des gestes lents, presque dédaigneux, et des petites voix caressantes, des babouches et du haïck au mètre pour voiles de femmes et gandouras d'intérieur, on se croirait véritablement en France, et dans la France du centre, dont ce pays d'aloès et de palmiers a justement aujourd'hui le ciel pommelé et doux.

Ils sont d'ailleurs si peu africains de silhouette et d'allure, ces Mozabites trapus et gras aux mollets énormes et aux larges faces éternellement souriantes. Avec leur instinct mercantile, leur prodigieuse entente du commerce et leur parler gazouillant, ils sont vraiment d'une autre race que les Arabes qui, dans leur misère hautaine, les détestent et les méprisent un peu de la même haine et du même mépris dont nous enveloppons, nous autres Parisiens, les juifs.

« Les Mozabites, les juifs de l'Algérie », me disait à tort, hier, en parlant d'eux, un officier de Tlemcen. Les juifs de l'Algérie ! comme si ce malheureux pays n'avait pas assez des siens, des juifs incrustés dans son territoire comme la vermine dans la peau, et suçant sa richesse et sa fertilité par tous ses pores. Les juifs de l'Algérie ! ces bons gros Mozabites industrieux et travailleurs aux grands yeux éclairés d'une bonté d'hommes gras! dites plutôt « les Auvergnats de l'Algérie »; et ce sont, en effet, des Auvergnats. Ils en ont la ténacité et l'adresse, les dons d'économie qu'ignore totalement l'Arabe vivant au jour le jour, paresseux et joueur. Et, en effet, ce sont bien des silhouettes de *fouchtras* qu'ils promènent dans leurs boutiques d'épiceries et d'étoffes, en allant et venant, jambes nues, leur espèce de dalmatique pareille à des tapis leur battant au ras des genoux.

Auprès de la mer, c'est une file de villas bien

plus françaises que mauresques, en dépit et des terrasses et des murailles blanchies à la chaux; petites maisons d'officiers en retraite, pris, eux aussi, au charme de ce climat de caresses, et retirés là avec les leurs au fond de fausses mosquées percées de bay-Windows et ornées de persiennes vertes, dans l'ombre criblée d'or et de pourpre violette de petits jardins plantés d'orangers et de bougainvillias.

Il y a des rosiers en fleurs aux grilles de clôture, des iris de France dans les plates-bandes; et des faux-ébéniers, tout chargés de grappes jaunes, masquent, au-dessus d'un petit hangar, qui est certainement une écurie, l'inévitable et horrible réservoir des cottages des environs de Paris. Des charrettes anglaises d'un luisant de joujoux filent entre ces villas, conduites par des femmes à tournures parisiennes, et c'est un jardinier à tournure d'ordonnance, qui vient leur ouvrir la porte-charretière, les aide à descendre, et puis prend le cheval.

Nous sommes en Normandie, puisqu'il y a la mer, à Villers ou à Villerville, sur la route de Trouville à Honfleur, ou bien à Viroflay à cause des uniformes, dont les taches éclatantes et les poignées de sabre imposent évidemment l'idée d'un Versailles assez proche dans une idéale ville d'élégances et de garnison des côtes de Bretagne ou de la Riviera; mais pourtant ce cocotier se profilant, svelte et flexible, à des hauteurs invraisemblables, et ces haies d'aloès bleuâtres, se découpant en clarté sur le bleu profond de la mer... et tous ces jardins éclaboussés de fleurs le trente et un janvier!

Non, nous sommes en Afrique, car les montagnes de la Corniche n'ont ni ces formes ni cette couleur.

Dans un ravin, presque aussitôt après la place, dévalent, nous a-t-on dit, la ville arabe et ses escaliers de pierre blanche; mais le voyage et le siroco nous ont fourbus, et nous sommes las de senteurs indigènes, de loques odorantes et de glapissements de derboukas.

FEMMES D'OFFICIER

« En fait de médecins, je n'aime que les grands, c'est comme les couturiers et la modiste. J'ai essayé, moi aussi, de la couturière à façon et de la femme du monde, qui a eu des malheurs et chiffonne à ravir des capotes pour ses amies. Eh bien, ça ne m'a jamais réussi, j'étais à faire peur, tandis que le moindre ruban de chez Virot ou de chez Rouf... Eh bien! pour ma santé, c'est la même chose: à Paris, la fièvre ne m'a jamais duré plus de deux jours, et voilà six mois que je suis ici malade! Que voulez-vous, je suis un corps à grands médecins, j'ai toujours eu, moi, l'habitude des bons faiseurs. »

Et c'était plaisir de regarder et d'entendre cette frêle et jolie Parisienne aux yeux agrandis par la fièvre s'abandonner à ses rancunières doléances sur l'Algérie et son climat. Tout en tourmentant entre ses mains délicates un bouquet d'énormes violettes russes et un long flacon de cristal de roche aux équivoques relents d'éther, elle poursuivait, impitoyable, un accablant réquisitoire contre l'Afrique, en dépit des protestations indignées et des *tu exagères* de son mari, assis en face d'elle, dans la claire et soyeuse chambre à coucher.

Pauvre et charmante jeune femme d'officier, une pauvre affligée d'un million de dot et du plus élégant et peut-être du plus jeune capitaine d'état-major de l'armée ! Malgré la luxueuse installation de la maison montée, dans ce faubourg fleuri de Mostaganem, tel le plus confortable petit hôtel de l'avenue du Bois; malgré les bibelots de la dernière mode traînant là sur les meubles pêle-mêle, avec les broderies les plus orientales et les bijoux les plus kabyles, et les armes les plus damasquinées de Constantinople et de Smyrne, comme on sentait bien que la maladie, dont souffrait cette impatiente jeune femme, était l'incurable nostalgie de Paris, du Bois et du boulevard, des souvenirs du parc Monceau et de la promenade des Anglais, le regret de toute une vie d'élégance et de plaisir, sacrifiée à la carrière du mari; nervosité maladive de Parisienne en exil, dont les premiers mots, dès présentation faite, avaient été cette phrase bien typique : « Quel est le dernier succès d'Yvette, chante-t-elle en ce moment? et Jeanne Granier et Sarah Bernhardt? »

Et dans cet intérieur de jeune ménage où le mari, un ancien camarade de collège, la plus imprévue rencontre de mon voyage en Alger, m'avait immédiatement amené comme un sauveur, cela avait été à mon arrivée une joie, une cordialité d'accueil d'amie d'enfance retrouvant presque un ancien flirt, et c'était pourtant la première fois qu'il m'était donné de voir cette longue et blonde jeune femme qui, maintenant soulevée sur sa chaise longue de bambou, sa jolie face pâle redressée sur les coussins, ne me quittait plus des yeux et semblait boire mes paroles et mes gestes, toute sa fébrilité suspendue à mes lèvres.

Et comme, sous le charme de cette âme féminine presque offerte, de toute cette nervosité vibrante au moindre son de ma voix, je défilais le chapelet des racontars et des menus scandales de ces derniers six mois, et le divorce de Mme X..., et le mariage de miss ***, et le coup de révolver de Mme Paum..., et l'arrêt d'expulsion de la marquise de F..., compromise dans l'affaire Dreyfus, un peu espionne aussi, selon certaines feuilles : « Mais qu'allons-nous devenir quand tu vas être parti, souriait le mari en me tapotant légèrement l'épaule, c'est moi qui ne t'aurais pas amené si j'avais su ! Je vais encore en passer une jolie nuit ; mais tu l'affoles littéralement, ma femme, regarde-moi ses yeux ! C'est de l'huile sur le feu que tous les propos que tu lui sers là. » Et se levant tout à coup de son siège et se mettant à arpenter à grands pas la pièce, les deux mains dans ses poches : « Ah ! j'ai fait un beau coup en vous mettant en présence l'un et l'autre, et je ne serai pas grondé par le médecin, non ! » Et se campant tout à coup devant sa femme avec un bon sourire attendri et railleur : « Et dire que cette petite Parisienne-là a, durant six mois, raffolé de l'Algérie, et de quelle Algérie, de Tlemcen, en plein Sud-Oranais. On n'avait pas assez de mépris pour Paris, sa boue, son ciel de suie et sa foule incolore et terne ; il a été sérieusement question — oh ! huit jours — de ne jamais revenir en France, et madame, que voici, ne parlait que des types indigènes, de leurs attaches fines, de leurs mains de race et de leurs attitudes incomparables. Oui, madame que voici, fréquentait alors les bains maures, mieux, entrait s'asseoir imperturbablement au milieu des Arabes au fond de leurs cafés, leur parlait, leur touchait la main, les frôlait presque, et, dans son enthousiasme, voulait me faire permuter pour le 3° spahis. »

SYMPHONIE EN BLEU, FAUVE ET ARGENT

En souvenir de Whistler.

A l'horizon deux bleus, le bleu profond presque violet d'un ciel lavé par la pluie; au-dessous le bleu soyeux, çà et là ourlé d'argent, d'une mer hier encore tumultueuse où des vagues moutonnent; et, sur ce double azur s'enlevant en clarté, dans le poudroiement d'un inattendu coup de soleil, la ville arabe et ses maisons : c'est-à-dire de gros cubes blanchis à la chaux, tels les degrés d'un escalier énorme, s'escaladant ici entre les aloès épineux d'un ravin, dégringolant plus loin de terrasse en terrasse, coupés par les taches argileuses de sentiers défoncés qui descendent vers la mer.

Cela rappelle à la fois la vieille Kasbah d'Alger s'étageant, lumineusement blanche, au-dessus des boulevards haut perchés de son port, et les terrains écorchés, hérissés de lentisques et de cactus bleuâtres, des ravins de Constantine.

Au tournant des sentiers (car ce ne sont pas des rues), comme au revers des talus surmontés de gourbis et de demeures arabes aux aspects de tanières, ce sont partout des éboulements de terre et d'argile couleur de brique et de safran. Une végétation luxuriante et hostile, une de ces végétations bien africaines, dont les tiges et les feuilles ont comme un air cruel, y dresse des dards aigus avec des lames de sabre entremêlés d'épines et d'arbustes reptiles. C'est comme une sourde lutte de branches irritées et bruissantes d'écailles dont les racines traînent en hideux grouillement; des nœuds de vers s'y enchevêtrent et ce sont, aux creux des ravines çà et là coupées d'escaliers, un fourmillement de plantes et de végétations atroces et, à chaque coin de ruelle, de pestilentielles odeurs de charogne où passent, tout à coup tombés d'on ne sait quelles terrasses, des parfums d'iris, de roses et de jonquilles : des effluves de fleurs.

C'est la ville arabe, ville aux aspects de village et dont les rues détrempées par la pluie mettent dans l'amas confus de ses blancheurs ces belles traînées fauves et rougeâtres, qui ressemblent à distance, à de sanglantes peaux de lions.

C'est dimanche. La ville est silencieuse. Ses sentes et ses ruelles désertes, quelques indigènes haillonneux les traversent, allant d'une maison à l'autre ; et la grisaille de leurs burnous fait sur les maisons aveuglantes de chaux de mouvantes taches de lèpre ; de vagues paquets de linge sale titubant sur des grègues bouffantes, d'où sortent deux pauvres pieds nus, apparaissent à l'entrée de sordides impasses : ce sont des Mauresques voilées se rendant au bain maure, le bain maure ouvert pour les femmes de midi à six heures. La tombée de la nuit y ramènera la foule plus compacte des hommes, ici tous fanatiques de bains, de massages et de siestes. Au seuil d'une échope grande ouverte sur la rue, une espèce de mamamouchi enturbanné de jaune rase un indigène accroupi sur une natte. Le crâne et les joues inondés de savon, le patient, une face noire et camuse de nègre soudanais, se tient immobile. C'est la pose résignée d'un martyr. Le barbier lui tient le nez pincé entre deux doigts et, avec des gestes de bourreau, lui promène sur le col et le crâne un énorme rasoir, mais un rasoir fabuleux, presque d'opéra-bouffe ; dans le fond de la boutique d'autres clients assis, les jambes croisées, attendent au pied du mur silencieusement leur tour.

Comme une torpeur pèse sur tout ce quartier ensoleillé et morne : l'animation et le mouvement de la ville sont à cette heure sur la place du théâtre, où la musique des zouaves entame l'inévitable ouverture de *Zampa* ou du *Caïd;* par intervalles de lointaines mesures arrivent jusqu'à la ville indigène, dont le silence ne s'en accuse que plus lourd et plus mort.

A l'abri d'un porche en ruines, des bras décharnés et de vieilles mains se tendent hors d'un amas de loques vermineuses; un affaissement de chairs implore au pied d'une murailles croulante, et une espèce de psalmodie traîne et marmonne, prière de mendiants, et c'est là, avec la dolente mélopée de la mer implacablement bleue au-dessous de la ville blanche, le leit-motiv de mélancolie et d'accablement de ce paysage monotone.

LES CHEMINS DE FER

Les chemins de fer espagnols, tant vilipendés et si décriés pour leur saleté, leur intolérable lenteur et leur manque absolu de confort, sont des rapides de luxe auprès des chemins de fer algériens.

Essayer de rendre avec quel laisser-aller tout oriental un train parti d'Oran à neuf heures du matin peut arriver en gare d'Alger à onze heures du soir, est une épreuve au-dessus des forces de quiconque a voyagé à travers les provinces. Sans barrières pour les protéger contre la malveillance toujours aux aguets des Arabes, les wagons vont à la dérive, d'une allure assez comparable à celle d'une mule qui trotterait à l'amble, sans secousse et sans vitesse d'ailleurs, dans la torpeur accablée d'interminables plaines d'alfas ou de plantations monotones, vignes et bosquets d'orangers, dont le feuillage luisant et dur aggrave encore, autre tristesse, la morne désolation du paysage.

A l'horizon, les chimériques montagnes, qui sont, avec les changeantes splendeurs du ciel, la féerie de ce pays, courent en sens inverse des trains, tour à tour bleuâtres et mauves avec, selon l'heure du jour, des éclaboussures d'or vert à leurs cimes ou des ruissellements de neige rose sur leurs pentes, neige rose à l'aurore, or vert au couchant; et c'est ici l'Atlas et ses hauts contreforts, dominant toute la plaine de la Mitidja avec Blidah couchée dans son ombre, aux pieds des oliviers de son vieux cimetière. Là-bas ce sont les neiges comme incandescentes du Djurdjura, le Djurdjura, ce Mont Blanc de la Kabylie, dont les crêtes baignées d'éternelles vapeurs trouent d'arabesques d'argent les réveils gris de lin, comme embrumés d'iris, de la rade d'Alger, et les crépuscules de braise et cuivre rouge, des ravins de Constantine.

Et sur ces fonds de décors dramatiques et grandioses, comme en rêvent parfois Rubé et Chaperon, la monotone végétation d'Algérie, avec ses palmiers en zinc et ses aloès de tôle peinte déroule la fatigante impression de ses verdures artificielles.

Ah! comme nous sommes loin des hautes forêts profondes et bruissantes des climats tempérés, hêtrées de Normandie pareilles à des temples avec les hauts fûts de leurs troncs doucement baignés de soleil, sapinières Lorraines hantées de clartés bleuâtres où des reflets de lune semblent être restés de la nuit dernière, chênaies de Bretagne qu'emplit encore l'horreur d'un bois sacré avec leurs clairières empourprées de digitales, où des pieds de druidesses et de fées ont passé.

Et l'accablant ennui de ces campagnes, pareilles à des berges abandonnées par la mer, avec, çà et là, un maigre chêne-liège ou un pauvre petit bois d'oliviers abritant la kouba en forme de mosquée de quelque pieux marabout! Ah! comme tout cela est différent des beaux Calvaires de granit du Cotentin et du Finistère, et comme la nostalgie nous prend, devant ces mornes carrés de chaux, des naïves madones de carrefour, joignant au-dessus des plateaux des falaises la prière sculptée de leurs mains ferventes.

En revanche, si le paysage est triste, l'élément voyageur est gai, grouillant, remuant et d'une couleur et d'un pittoresque ! Celui des troisièmes, bien entendu, car, dans les premières, ce sont les inévitables Anglais à complets cannelle, à chemises de laine et aux innombrables colis encombrant les filets, obstruant tous les coins. A part un rare officier et un plus rare cheick en bottes de cuir rouge brodé d'or, drapé du burnous de drap bleu avec, autour du front, tout un enroulement de minces cordelettes brunes, l'élément des premières est désespérément anglais, sinon prussien et allemand. Ah ! nous voyageons décidément peu en France, et ce que nous redoutons de traverser la mer !... Aussi, devant ces figures d'outre-Rhin et d'outre-Manche, avons-nous fui dans les troisièmes. Le personnel en est autrement amusant et curieux, mais plus odorant aussi. C'est, à vrai dire, le même que celui des diligences : colons espagnols, faces glabres de forçats, noueux et tannés comme des paysans de Provence ; turcos permissionnaires aux yeux d'émail bleuâtre, au sourire carnassier, lèvres noires et dents blanches ; zouaves en changement de garnison ; prostituées d'Espagne en camisoles dorées sur des jupes de percale à fleurs, les joues roses comme celles des poupées, les sourcils au charbon, la voix rauque et la bouche humide, d'un rouge de fleur vraie au milieu de toute cette chair peinte ; terrassiers poussiéreux avec leurs baluchons, leurs pelles et leurs pioches ; arabes recroquevillés dans leurs loques, l'air de singes, les talons posés sur la banquette et leurs profils de chèvre tourné vers le paysage, tandis que leurs mains fines s'attardent, machinales, entre les doigts de leurs pieds nus ; et tout ce monde mange, chante, chantonne en mélopée, boit à la régalade, les uns grattent des guitares, ce nègre, une calebasse. Le parquet gras est jonché d'écorces d'oranges, de miettes de pain et de papiers de charcuterie ; un vieux juif d'un jaune de cire, évidemment rongé d'albuminurie, boit, avec la tension de cou d'une tortue, à même une bouteille de lait que lui tient une belle créature à châle jaune, sa fille. Deux Marocains, dont un du plus beau noir, chipotent au fond d'une vieille couffe un pestilentiel couscouss ; un grand spahi couve d'un œil inquiétant un petit chasseur d'Afrique imberbe assis en face de lui, et un vieux mendiant, empêtré de chapelets et de loques, baragouine et gémit à chaque station, ne sachant où descendre.

ALGER SOUS LA NEIGE

Alger, 16 janvier.

Sous la neige, non ; car la pluie et la grêle, qui viennent de faire trêve, ont changé en boue la neige tombée toute la matinée, lente, molle et silencieuse comme un grand vol assoupi de papillons blancs ; et ç'avait été une sensation vraiment étrange, à la fois chimérique et piquante de réel, que ce réveil d'Alger sous la neige, d'Alger, la ville lumineuse et blanche apparue tout à coup terreuse, haillonneuse et jaune sous l'étincellement du givre et du gel.

Sa pouillerie de vieille ville arabe cuite et recuite depuis des siècles dans la crasse et les aromates, son incurie de belle fille à matelots paressant là en plein soleil, au clapotis des vagues, le front lourd de sequins, sur un amas douteux d'étoffes indigènes et de soies espagnoles, comme elle les accusait, la neige, cette éblouissante et froide floraison du Nord! De ses arêtes à la fois floconneuses et pures, de sa ouate posée, tel du vif argent, au bord d'un toit ou d'une terrasse, soulignait-elle assez les crevasses des murs et les lézardes honteuses des mosquées, lisérant d'un trait brillant les marches moisies d'un escalier, changeant en bouche d'égout telle entrée pittoresque de rue et chargeant si cruellement la décrépitude de la vieille Kasbah, que je n'avais pu me défendre d'un sourire, moi le compatriote de cette neige et le familier de ces abeilles du Nord qui trouaient si impitoyablement de leur aiguillon de glace la fausse blancheur légendaire de cette vieille mauresque, qu'on a cru si longtemps blanche, quand elle n'est qu'enveloppée de linges et d'étoffes éclaboussés de soleil. Et c'est à une vieille mauresque que je la comparais en effet, cette Alger jaune et lépreuse de ce matin de neige, à une vieille mauresque hideuse et tatouée, accroupie dans ses loques au bord de quelque fiord, dont les montagnes de la Kabylie avec leurs cimes neigeuses pointant au fond de la rade, transparentes et bleues, évoquaient le décor de banquises et d'icebergs.

Et une joie méchante me crispait et me dilatait tout à la fois le cœur de la voir à son tour enlaidie, grelottante et comme exilée sous les frimas et sous le gel, cette enjôleuse barbaresque, cette fille de pirates, et cette goule à forbans, qui m'a si bien pris au charme de ses caresses, si profondément endormi la mémoire et la volonté qu'elle m'a forcé à revenir cet hiver à elle, comme on revient à la morphine ou à quelque exécrable et savante maîtresse.

Forte de son climat et de ses paysages de clarté et de douceur, elle m'avait, cette ensorceleuse, enseigné la lâcheté et l'abandon, et jusqu'à l'oubli, l'oubli des anciens maux soufferts dont, avant de la connaître, j'avais pieusement gardé le culte.

Bois, m'a dit sourdement la fille aux yeux sauvages,
Bois l'engourdissement et la mort sans réveil,
Bois la volupté lente et l'oubli du soleil,
Et le superbe amour des éternels servages.
Bois, et tu connaîtras le dédain des baisers
Et le calme puissant des désirs épuisés.

Cette invitation au Philtre, me l'avait-elle assez chantée et soupirée à l'oreille dans la langueur de sa brise chargée d'odeurs de narcisses et de fleurs d'oranger, dans le clapotis de sa rade baignée de clair de lune, et l'irritante monotonie de ses concerts de flûtes et d'aigres derboukas! Me l'avait-elle assez répétée et ressassée soir et matin, au fond des cafés maures de sa kasbah, comme entre les rocs descellés de son môle, la nonchalante Circé d'Afrique aux yeux gouachés de kolh, implorants et si noirs sous leurs longues paupières, comme éternellement lourdes d'un éternel sommeil!

M'avait-elle assez énervé et pris au charme de torpeur de ses regards peints d'idole et de sa voluptueuse lassitude! J'avais encore présentes à la mémoire des après-midi passées, indolemment accoudé au parapet d'un quai, à regarder sans émotion aucune, devenu comme somnambule, le bateau de France entrer ou sortir.

Le bateau de France... c'est-à-dire le courrier, les lettres des parents, des amis, toute la cendre hier encore chaude des inquiétudes et des affections, que dis-je, la braise encore plus vive des rivalités et des haines, les journaux et les nouvelles de Paris, mais cela m'importait bien en effet !

La Méditerranée était là, devant moi, soyeuse et bleue, toute de transparence et de lumière avec sa ligne de montagnes mauves à l'horizon ; à mes pieds, c'était le petit port de l'Amirauté avec ses vieilles voûtes, son vieux palais surélevé d'un phare et les moucharabies du dey, la Marine avec son coin d'azur tout fourmillant de balancelles et de barquettes, et, le long de ses escaliers, son peuple remuant, bruyant et coloré de matelots, Siciliens, Italiens et Maltais ; et derrière moi, enfin, la vieille Kasbah toute rongée de soleil étageant ses maisons en vaste amphithéâtre.

Le courrier de France pouvait bien partir, j'avais bu le philtre jusqu'à la dernière goutte et il avait opéré son effet, le magique breuvage.

Et voilà que, grâce à cette neige éblouissante et pure, celle qui m'avait versé l'affreux poison d'oubli m'apparaissait enfin sous son vrai jour, la gueuse. Les fleurs de mon pays, les floconneuses et froides floraisons, la neige et, ses étoiles, la neige des bourrasques et des avalanches, avaient, telle une eau lustrale, dissipé le mirage, dessillé mes yeux.

L'hiver, celui de mes années d'enfance dans la brume et les embruns des côtes de l'Océan, s'était vengé du factice été de cette Alger mensongère, et elle m'apparaissait telle qu'elle était, la Mauresque, haillonneuse et ridée sous ses joyaux et son fard, les pieds cerclés de bracelets et frottés de henné, à la fois rance et parfumée dans des soieries en loques de sorcière et de fille ; et, comme un amant enfin guéri d'une passion honteuse, d'un de ces chancres de l'âme qui vous font adorer les pires des maîtresses et vous attachent d'autant plus qu'elles vous font plus souffrir, je l'examinais curieusement sous ses oripeaux, je comptais férocement ses tares et ses rides et, revivant le mot d'un ancien viveur à une ancienne liaison dont le temps l'avait enfin vengé : Je la regardais vieillir.

Mais ça n'avait été qu'une vision ; une pluie diluvienne s'était abattue sur cette neige et de l'Alger loqueteuse et givrée avait vite fait une ville de boue. Comme balayées par l'averse, les rues en un clin d'œil étaient devenues désertes et j'avais, maussade et déçu, regagné mon hôtel par les arcades Bab-Azoun, envahies d'une tourbe vociférante, petits cireurs et chaouchs puant la laine et la bête humide.

Alger, 18 janvier.

Ce pays que j'ai blasphémé se venge; j'ai la fièvre, une horrible fièvre à peau sèche et brûlante, à tête lourde et aux tempes martelées, comme sont les fièvres de ces climats, vraies dompteuses de nerfs et de cerveaux qui en trois heures vous abattent et vous vident un homme. Voilà déjà deux jours qu'elle me tient alité, cette fièvre, avec la tête si pesante et si veule que je ne puis la soulever de mon oreiller sans vertige et que, si je hasardais un pied hors de mon lit, je sens que je chancellerais. Dehors, la bourrasque fait rage, jetant des paquets de pluie contre les persiennes closes; j'entends la mer démontée courir comme une furie le long des quais, et depuis hier la rade est inabordable. Est-ce le vent du Nord, le siroco ou le mistral? Mais ce sont dans la nuit des cinglements de fouet, des hennissements et des temps de galop de chasse infernale. Comme la Méditerranée doit être belle cette nuit aux abords de la Pointe Pescade! et c'est dans ma pauvre tête hallucinée un éperdu tournoiement de cauchemars, d'images et de souvenirs les plus étranges et les plus disparates, un remuement de grains de sable au fond d'un grelot vide.

Où suis-je? Ces clameurs, cet incessant ululement du vent, ce bruissement d'ondée et cet éternel roulis oscillant sous mon lit, que semblent soulever des vagues! Où suis-je? En pleine mer, pendant ma dernière traversée; le bateau roule et tangue à travers la nuit noire, entraîné sur le dos de lames énormes; toute sa charpente craque et, contre les hublots hermétiquement clos de ma cabine, c'est un glauque et sourd moutonnement d'eau trouble, dont l'assaut violent et renaissant sans trêve me harcèle et m'écrase.

Nous passons près des Baléares.

Puis, tout à coup ma fièvre somnambule me transporte ailleurs. Cette mer déferlante au pied de hautes roches noires toutes ruisselantes de vagues, ces gerbes et ces jets d'écume fusant sous cette lune pâle entre des récifs en couloir, cette fuite échevelée de nuages dans cette nuit hivernale, et toute cette masse d'eau accourant de l'horizon en lames courtes et sifflantes à l'assaut de ce rivage morne, c'est la Pointe Pescade.

Oh! la silhouette abrupte et grosse de menaces de ces noires collines hérissées d'aloès et de raquettes de cactus sur ce ciel de janvier tumultueux et blême, et, à la pointe des promontoires, les créneaux blancs de sel et luisants sous la lune des forteresses barbaresques!

Que de fois, par de pareilles nuits, Barberousse et ses forbans abordèrent sous l'écume et la pluie aux escaliers à pic taillés à même le roc, tandis qu'au grillage épais des meurtrières des regards soupçonneux de mauresques voilées attendaient, désiraient et craignaient leur retour; car ils ne rapportaient pas que de l'or et des bijoux, les hardis pirates : filigranes de Gênes, velours de Venise et colliers de médailles syracusaines. Dans leurs bateaux plats et rapides ils ramenaient souvent, le bâillon dans la bouche, les mains liées et saignantes, de palpitantes captives chrétiennes, des filles de Sicile, d'Espagne ou de Provence, dont s'alarmait l'inquiète jalousie des harems.

Et la pluie redoublait aux vitres et la Méditerranée, devenue l'Océan, poussait de grands *hou, houhou,* sous les falaises retentissantes, et je n'étais plus en Alger, mais dans la petite ville normande de mon enfance, par un soir de tempête, les soirs de mer démontée avec les vagues sur les jetées courant entre les parapets et démolissant leurs vieilles estacades ; oui, j'étais là-bas dans ma petite chambre de la maison paternelle ; une fièvre ardente me martelait, comme aujourd'hui, le pouls et les tempes, et la sirène faisait rage, prolongeant ses longs cris dans la nuit pour avertir les bateaux et les éloigner des côtes.

C'étaient, dans ma pauvre tête, mêlées aux bruissements des rafales et des grains, de perpétuelles sonneries de cloches, mais de cloches énormes au lourd battant d'airain retombant sur mon crâne, un effroyable glas d'agonie torturée et d'angoissante détresse, et je me sentais haleter et défaillir, la poitrine trempée de sueur, tandis que de longs frôlements d'ailes s'enchevêtraient dans mes persiennes, des vols d'oiseaux de nuit, chouettes ou mouettes géantes à têtes de mauresques.

Alger, 23 janvier.

Le soleil éblouit ; la rade, toute de lumière, s'arrondit délicieusement bleue dans la splendeur d'un matin mauve ; les monts de Kabylie érigent, plus chimériques que jamais, des cimes incandescentes de neige, la fanfare des zouaves défile en marquant le pas sous mon balcon, un bouquet de roses rouges et de jonquilles embaume sur ma table, Alger m'a repris, j'ai bu encore une fois le philtre.

BLIDAH

BLIDAH-OURIDA

Théophile Gautier l'a chantée, Fromentin l'a peinte avec les plus clairs rayons de sa palette, auréolée de soleil et de fleurs. Paul Margueritte a, dans une page admirable d'énervement sensitif, décrit son atmosphère de caresse et de langueur, ce parfum, écœurant à la longue, de jonquille et de fleur d'oranger, qui est la respiration même de Blidah, Blidah dont la fragrance persistante et monotone finit par vous engourdir et vous lever tout à la fois le cœur, Blidah obsédante et charmeresse, telle la note doucement aiguë d'un joueur de flûte arabe, faite de rêverie de kief et de mélancolie qui somnole.

Et au pied de ses hautes montagnes, contreforts de l'Atlas ombreux et ravinés, aux transparentes roches bleues éclaboussées d'eaux vives, oueds et torrents bordés de lauriers-roses et d'amandiers neigeux, je ne pouvais pas mieux la comparer, cette *Blidah* qu'un poète indigène a appelée *Ourida*, et que ses détracteurs ont traitée méchamment de *marchande de sourires*, je ne pouvais pas mieux la comparer qu'à quelque beau musicien venu de Smyrne ou d'Alexandrie, Asiatique aux lourdes paupières turques artistement bistrées, et chantant, échoué là, avec ses parfums et ses langoureuses attitudes d'oriental un peu efféminé, quelque ardente mélopée amoureuse, embaumant à la fois la fraîcheur de la neige et l'essence de rose et de bois de santal.

La fraîcheur de la neige, dont la blancheur ensoleillée étincelle et ruisselle aux cimes des montagnes surplombant de leur ombre les jardins de Blida!

Cette essence de rose, que semblent distiller dans le clair-obscur de leurs ramures les micocouliers, les grenadiers et les rosiers en fleurs de ses innombrables bosquets, mimosas vaporeux de son jardin Bizot et figuiers centenaires de son *Bou-sacra*.

Ces enivrantes odeurs de santal enfin, comme remuées sous les pas de ses femmes voilées, à l'unique œil noir entrevu par la fente du haïck; et dans cette griserie de lumière, de fraîcheur et d'opprimants parfums, le joueur de derbouka, en qui s'incarnait pour moi le charme alangui et comme endormant de Blidah, s'évoquait à mes yeux au fond d'un café maure. Couché plutôt qu'assis sur une table octogone incrustée de nacre, les jambes et les bras nus hors d'une longue gandoura brochée de grosses fleurs sur fond jaune, une robe d'or couleur des jonquilles mêmes de Blidah, il chantait. Ainsi posé avec, au coin de son oreille, un gros bouquet de roses jaunes et de narcisses piqué sous sa chéchia, il laissait, le musicien d'Asie, traîner d'indolentes mains sur l'instrument à cordes, et sa voix gutturale un peu lasse, aux inflexions tour à tour molles et dures, égrenait ces paroles ferventes qui m'ont semblé être la chanson même de l'amant à l'amante ou du poète épris à la belle, à l'éternellement aimante Ourida.

Un or mystérieux
Sommeille dans tes yeux.
Telles d'étranges bagues,
Dont l'éclat amorti luirait au fond des mers,
J'accueille et reconnais d'anciens chagrins soufferts,
Devenus des joyaux dans tes prunelles vagues.

De tremblants reflets bleus
Coulent de tes cheveux.
Pareille au clair de lune,
Dont le calme argenté console les forêts
De l'automne et des deuils, ta chevelure brune
En glissant sur mon cœur assoupit mes regrets.

Des roseaux caresseurs
Tes mains ont les douceurs.
Les délicats arpèges
Dont un pâtre nomade endormit autrefois
Le roi Saül, mon front les trouve sous tes doigts
Légers comme des fleurs et frais comme des neiges

Ne sois donc pas farouche,
Mais cache-moi ta bouche,
Et, de tes doigts subtils
Ayant fait un bâillon de caresse à mes lèvres,
Verse au fond de mes yeux tes prunelles d'exils
Et dans ta chevelure éparse endors mes fièvres.

LE CIMETIÈRE

Une route monte et sort des portes de la ville, puis s'enfonce presque aussitôt dans le creux verdoyant d'une gorge profonde, serpente au pied des contreforts de l'Atlas aux sommets baignés de fluides vapeurs, aux flancs bardés, comme des plaques de métal, d'incandescentes traînées de neige.

Et, à mesure que le chemin tourne et devient plus rude entre ces hautes collines plantées de pins et de chênes-verts, de successives hauteurs, jusqu'alors demeurées invisibles, apparaissent et surplombent. Des cimes s'échelonnent dans un ciel d'un bleu de vitrail, des murmures d'eaux vives jasent au pied des remblais de la route, des cascades bondissent de roche en roche dans la pierraille argentée d'un petit torrent de montagne, et des souvenirs de l'Oberland, évoqués par cette eau courante et cette fraîcheur ombreuse, vous poursuivent, combien vite démentis, il est vrai, par les haies de cactus, les bosquets d'orangers, l'invraisemblable violacé des ombres et la transparence infiniment douce et claire des lointains.

Le pays des mirages, en vérité, cette province d'Algérie, dont tout l'enchantement réside dans la limpidité de la lumière et la coloration des terrains et des ciels. La plaine de la Mitidja, laissée derrière nous au pied même des maisons de Blidah, apparaît maintenant dans le moutonnement bleu d'une Méditerranée. A travers le recul de l'horizon, ce ne sont plus les ondulations grisâtres d'un paysage d'Orient, mais le flux et le reflux d'une immense mer de lapis, dont l'immensité s'étend à l'infini entre les échancrures des rochers de la route et des contreforts du ravin.

Tandis que, charmés par cette vision de la plaine devenue sous le soleil un remous de saphirs, nous montons les yeux en arrière, un autre magique et prestigieux décor s'élabore et se dresse au tournant de la route.

Le cimetière d'El-Kébir, s'étageant en amphithéâtre au-dessus de son petit village arabe aux toitures plates et aux portes basses. El-Kébir et la pierre blanche de ses tombes et des deux koubas de ses marabouts ensevelis là, au flanc de la montagne, à l'ombre géante de séculaires oliviers. Les oliviers d'El-Kébir, le terrain vallonné, soulevé par leurs monstrueuses racines que rejoignent d'invraisemblables rampements de branches; et dans l'intervalle des troncs trapus, épaississant là comme une impénétrable forêt de légende, des blancheurs de neige, qui sont les premières crêtes de l'Atlas, et des rougeurs de pourpre qui sont des thyrses de lauriers-roses ; blancheurs et rougeurs éclaboussées de lumière, comme baignées dans le ciel bleu. Une mélopée s'élève : ces voix douces et chantantes sont celles d'une école de garçons, l'école arabe du village même; et, tout en suivant notre guide, nous nous arrêtons une minute devant une dizaine de petites faces éveillées et brunes, coiffées de chechias, se balançant en cadence d'un même mouvement rythmique au-dessus de petites tablettes de bois où courent, gravés, des versets du Coran. Assis, les jambes croisées, au milieu de toutes ces enfances accroupies, le maître d'école arabe agite, comme un bâton de chef d'orchestre, une espèce de férule en bois blanc, et son buste oscille sur ses hanches du même mouvement de balancier que celui de ses élèves.

Au-dessus de cette *zouaïa* (école arabe), le cimetière étage en terrasse les taches blanches de ses tombes et deux espèces de palanquins de bois découpés à jour. Historiés et peints, il en monte des spirales d'encens bleuâtres: le culte des croyants entretient là d'éternels brûle-parfums, et rien de plus poétique, en effet, dans la solitude de cette gorge sauvage, que ces fumées odorantes tourbillonnant dans le clair-obscur des branches, au-dessus de vagues sarcophages enlinceulés de soieries orientales, car, Dieu me pardonne, ce sont bien d'anciens étendards japonais passés par le soleil et la pluie, mais où vivent encore, brodés d'or et d'argent, les chimères griffues et les vols de cigognes chers à la race jaune : des étendards de terribles *Pavillons Noirs,* rapportés par les tirailleurs indigènes des dernières campagnes du Tonkin et déposés là en trophées sur la tombe de leurs prophètes.

Des fillettes arabes, groupées au milieu des tombes avec la science innée d'attitude des races demeurées primitives, ajoutent au charme de ce cimetière la grâce de leur jeunesse enjoaillée de plaques de métal; leurs loques de percale rouge à fleurs noires ou d'indienne jaune à dessins roses égaient, comme d'une flore chimérique et vivante, la grisaille un peu monotone des vieux oliviers d'El-Kébir; mais gardez-vous d'avancer d'un pas, si vous tenez à votre vision. La silhouette enfantine de ces petites sauvages est celle qui convient à ce cimetière de poupée; un pas de plus, et vous verrez subitement s'abaisser les tombes, et les deux koubas des marabouts, presque pareilles à des mosquées, réduites à des proportions de joujoux; la forêt de légende d'oliviers séculaires ne sera plus qu'un pauvre verger; car, dans cet illusoire pays de rêverie et de songe, tout est piège et mirage, et tout attrait est un danger. Ainsi les fillettes aux grands yeux de gazelles sont déjà nubiles, sinon prostituées; l'eau courante entre les thyrses en fleurs des lauriers-roses donne la fièvre, et ce torrent, qui porte ce nom doux entre tous de *Fontaine fraîche*, est presque empoisonné.

LA NOUBA

Le déjeuner s'était prolongé autour des petites tasses d'un café mauré, et, conquis malgré nous par cette atmosphère de paresse et de lassitude heureuse qui est la respiration même de Blidah, nous suivions lentement, hors des portes de la ville, la petite route ensoleillée plantée de caroubiers et bordée de villas, qui va par les ombrages de l'ancien *Bois sacré*, le Bou-sacra arabe, rejoindre le champ de manœuvre de la Mitidja.

Des petits jardins des maisons de la route, propriétés d'officiers en retraite ou locations d'Anglaises poitrinaires venues mûrir leur phtisie au soleil, des senteurs de jonquilles et d'orangers en fleurs montaient, à la fois si douces et si violentes qu'une espèce de malaise exquis vous écœurait; certains dessous de batiste et de soie molle de certaines femmes un peu grandes, très sveltes, très souples et blondes, comme vouées à l'éternel demi-deuil de nuances violettes et mauves, dégagent ce parfum endormeur et puissant. J'en ai fait la réflexion depuis, mais ce jour-là, tout au charme de langueur de cette ville mélancolique et de ses jardins odorants, nous allions, l'âme et le cerveau vides, tombés dans un nirvana tout oriental, droit devant nous sans savoir pourquoi, au gré de la brise plus fraîche dans ce coin de vallée, les yeux caressés par l'invraisemblable limpidité du ciel, le front comme effleuré par des ailes soyeuses d'invisibles libellules.

A cent mètres de nous, derrière les baraquements du camp des tirailleurs, c'étaient les cris de commandements, les voltes, les demi-voltes et les évolutions de tout le champ de manœuvre

à cette heure occupé par les temps de galop,
les charges et l'école d'escadron des chasseurs
d'Afrique; un peu plus loin, les marches et
contre-marches, sac au dos et arme au bras, de
l'infanterie en tenue de campagne. La voix
des officiers éclatait jusqu'à nous, tonnante et
brève, puis s'éteignait dans un brouhaha de
foule en marche et de gourmades de sous-officiers rectifiant les mouvements des hommes;
des taches rouges, qui étaient des pelotons de
cavalerie, dévalaient dans un poudroiement
lumineux, piquant de coquelicots subits le
clair-obscur des branchages, tandis que les
cottes bouffantes et les blouses grises des turcos
mettaient dans le vert tendre de la prairie
comme une fuite agile de lézards; et c'étaient,
dans toute la vallée, des grandes ombres mouvantes qu'on eût pu prendre pour celles des
nuages sans l'implacable pureté de ce ciel.

Et, dans la demi-torpeur de cette température de parfums et de caresses, nous allions
éblouis et muets, sans prêter plus attention au
vivant kaléidoscope du champ de manœuvre
qu'aux Arabes croisés sur la route, juchés, les
jambes pendantes, sur leurs petits bourricots et
en accélérant l'allure, du bout de leur matraque

et du légendaire *arrrhoua* qui semble le fond de toute la langue orientale. Une espèce de vieille momie, face desséchée de sauterelle d'Égypte, accroupie dans la poussière de la route sous un cône mouvant de haillons, nous invitait en vain à tenter la chance et risquer notre argent roumi sur trois grains de cafés étalés devant elle sur un vieux numéro du *Gaulois*. Sous l'agilité de ses mains d'escamoteur, les trois grains de café disparaissaient et reparaissaient dans une fragile coquille de noix; deux muchachos, de neuf à quinze ans, stationnaient là attentifs, les mains croisées derrière le dos, en vrais petits hommes, mais se gardaient bien de confier un *soldi* aux mains voltigeantes du magicien; ces *Comtois* (1) manquaient d'entente et ce vieux joueur de bonneteau du désert (car c'était bien le bonneteau que manipulait entre ses doigts exercés la forme humaine affaissée au bord du chemin) avait beaucoup moins de succès dans cette vallée de la Mitidja qu'un monsieur de Montmartre, installé avec sa tierce dans une allée du Bois, après les courses d'Auteuil. Il est vrai

(1) *Comtois*, en argot parisien, complices, affiliés, associés.

que le bonneteur arabe avait remplacé par trois grains de café les trois cartes obligatoires et que son boniment en sabir coupé de *sidi* et de *macache bono* n'avait pas l'entrain persuasif de nos joueurs de banlieue.

Nous n'en faisions pas moins halte autour de ce Ahmet-arsouille, étonnés et ravis de retrouver dans ce coin de paysage arabe un jeu si foncièrement parisien, et nous allions peut-être, par pitié, risquer quelque monnaie sur les grains de café du vieux birbe, quand d'aigres sons de flûte, éclatant tout à coup derrière nous, à quelques pas de la route surplombant la vallée, nous attiraient tous dans un petit sentier hérissé de cactus, d'où nous découvrions la Nouba.

Non, nous ne nous étions pas trompés : c'était bien la musique des tirailleurs algériens, leurs fifres à la mélopée aiguë et monotone, leur flûtes stridentes et leur ronflants tambourins, toute cette musique un peu sauvage et comme exaspérée de soleil qui fut, l'année de l'Exposition, un des grands succès du campement des Invalides.

Que de fois nous avions été l'entendre, de quatre à cinq, assis à l'ombre des arcades du

Bardo reconstitué d'après de sûrs dessins, attirés là par les grands yeux d'émail, les sourires à dents blanches et la grâce un peu simiesque des petits turcos enturbannés de rouge et haut guêtrés de blanc; et voilà que nous la retrouvions, et cette fois dans son décor indigène, sous le ciel implacablement bleu de son pays, au pied même des contreforts de l'Atlas, **cette** bruyante et monotone Nouba des joyeuses journées de flânerie et de griserie d'exotisme de l'année de l'Exposition.

Clairsemés en petits groupes dans une sorte de ravin que dominait notre sentier, ils étaient là, les petits tirailleurs emblousés de toile grise et haut ceinturonnés de rouge sur leurs bouffantes cottes bleues; ils étaient là, qui, les joues arrondies, s'essoufflant après leurs fifres avec d'étranges agilités de doigts, qui tourmentant d'une baguette impitoyable la peau tendue de leurs tambours.

Et des roulements de tonnerre et des cris aigus de sauvagerie emplissaient toute la vallée, tandis qu'arrêtés au milieu des cactus nous regardions surgir et s'animer au bruit de leur musique barbare toutes les splendeurs canailles et pourtant savoureuses de cette année quatreving-neuf : ses danses javanaises, ses bourdonnants concerts et ses almées de beuglants ; oh les ignobles déhanchées du théâtre égyptien et de la rue du Caire, la furie toute passionnelle et les odeurs d'ail et d'œillet des tangos pimentés des gitanes d'Espagne, la folie d'apothéose des fontaines lumineuses avec, au-dessus de cette immense fête foraine, les jeux de lumière électrique de ce chandelier géant, qu'était la tour Eiffel.

Et, comme nous nous taisions, immobilisés là, pris, je ne dirai point de nostalgie, mais comme d'un regret de cette année disparue sans retour et de cette Exposition dont aucun de nous trois ne verrait jamais l'équivalent peut-être, la Nouba tout à coup faisait trêve, et les voix enfantines et rauques nous hélaient : *Eh ! moussu les Parisiens, payez-vous l'absinthe ?* De notre poste d'observation, les turcos, eux aussi, nous avaient reconnus.

Non pas individuellement. Bien embarrassés auraient-ils été de mettre un nom sur nos physionomies, mais, à travers nos vêtements fanés par la traversée et deux mois de chemins de fer algériens, ils avaient aussitôt démêlé, avec leur sûr instinct d'êtres à demi-sauvages, des silhouettes déjà vues ; car, aussi eux avaient été à Paris pendant l'Exposition, et maintenant que, descendus dans leur coin de vallée, nous échangions avec tous ces moricauds de cordiales poignées de mains, et que, subitement entourés de paires d'yeux en émail blanc et de faces grimaçantes, nous serrions sans trop de dégoût, ma foi, ces doigts teints au henné et ces paumes au derme rude et brun, c'était un flux de questions enfantines et bizarres se pressant sur toutes les lèvres : « *Connaissions-nous la mère une telle, de l'avenue de Lamotte-Piquet*, quelque brasserie de filles sans doute, *le père un tel, de la rue Dupleix*, quelque hôtel meublé à la nuit, où ces fils d'Allah avaient peut-être initié des Françaises curieuses aux exigences et aux brutalités du désert. *Et le café de la rue Saint-Dominique où l'on dansait les jeudis et les dimanches soirs*, et la caserne de l'avenue de Latour-Maubourg, et la dame si aimable qui demeurait juste en face, la femme d'un caïd parisien, affirmait l'un d'entre eux, et pas le plus laid, ma foi ! » Ces malheureux avaient emporté de Paris une singulière impression, uniquement faite de souvenirs de beuveries et de noces, le Tout-Grenelle de l'ivrognerie et le Tout-Gros-Caillou de la prostitution.

A vrai dire, nous ne savions que leur répondre et nous nous en tirions par d'énormes mensonges dont se contentait leur curiosité d'enfants; d'ailleurs, l'un d'entre eux, nanti par nous d'une pièce de deux francs, avait été chercher au cabaret le plus proche un litre d'eau et un litre d'absinthe; il en avait rapporté quelques verres, et toute la Nouba, maintenant assise autour de nous, dégustait lentement, à tour de rôle, le poison vert qu'interdit le Koran, mais dont nos soldats leur ont donné le goût, grâce au mutuel échange de vices, vices français contre vices indigènes, qui s'est fatalement établi dans notre belle armée coloniale.

Par acquit de conscience, nous portions aussi notre verre à nos lèvres; les turcos étendus, accroupis dans les poses familières à leur race, formaient autour de nous, dans ce coin de ravine ensoleillée et toute fleurie d'amandiers, un vivant et coloré tableau; nous avions l'air de trois dompteurs tombés au milieu de jeunes fauves; ils en avaient tous, pour la plupart, le mufle court, l'œil doucement bestial et les dents aiguës, presque tous l'attitude féline et le rampement allongé de sphinx, le ventre contre terre, le menton appuyé entre leurs mains petites. Un enfant indigène, en loques, apparu brusquement entre les raquettes d'un figuier de Barbarie, au-dessus du ravin, complétait le décor un peu théâtral de cette espèce de halte. Appuyé d'une main sur un long bâton, il nous regardait fièrement du sommet de sa roche, et sa silhouette fine au milieu de cette végétation épineuse, sur cet azur lumineux et brûlant, évoquait l'idée de quelque berger nomade, la figure d'un jeune pasteur biblique, d'un David enfant arrêté là avec son troupeau au-dessus d'une gorge hantée par des lions.

. . . .

Et j'ai toujours, parmi mes impressions d'Afrique, gardé un souvenir doucement nostalgique de cette journée passée au milieu de la Nouba.

LES AMANDIERS

> Pendant que de froides haleines
> Glacent votre ciel obscurci,
> Pendant qu'il neige dans vos plaines,
> Sur nos coteaux il neige aussi :
> Il neige au pied de la colline,
> Il neige au détour du sentier,
> Il neige des fleurs d'aubépine,
> Il neige des fleurs d'amandier.
>
> Ch. Marie-Lefèvre.

Les fleurs d'amandier, cette neige de l'Algérie dont les Algériens sont si fiers, trouent depuis huit jours de leurs floconnements roses le bleu du ciel et de la mer ; et toute cette banlieue d'Alger aux noms symboliques et doux comme des chansons de printemps : le *Fraisvallon*, le *Ruisseau*, la *Kouba*, la *Fontaine bleue*, a l'air maintenant d'un paysage japonais avec ses replis de terrain, ses horizons de lumière éclaboussés, à chaque tournant de route, de branches étoilées d'aurore et de bouquets de givre en fleurs. Une exquise senteur de miel flotte imperceptible dans l'air, des jonchées de pétales roses traînent au revers des talus ; et partout de grands troncs grisâtres aux branchages de clartés semblent autant de flambeaux allumés, tordant en plein azur de gigantesques girandoles flambantes.

Des enfants indigènes déguenillés et souples, l'air de beaux animaux avec leurs grands yeux noirs, se tiennent attroupés aux portes de la ville. Ils tiennent entre leurs bras de hautes branches fleuries qu'il offrent gravement aux promeneurs : les voitures de place, qui rentrent des environs, en ont leurs capotes remplies, et des têtes d'Anglaises à casquettes à carreaux et de messieurs à voiles verts émergent drôlatiquement du fond des victorias dans des enchevêtrements de ramures, tels des Botticelli de l'agence Cook dans une fresque du Printemps. Printemps d'Alger ou printemps d'Italie, elles en sont vraiment le signal et la fête, ces fleurs d'amandiers d'une neige si tendre, dont toute la province semble depuis huit jours illuminée. Il y en a partout, dans le bleu du ciel, aux balcons des hôtels, des pensions de famille, aux terrasses des villas, à l'avant des barquettes du port; les Espagnols de la place du Gouvernement en mâchonnent une fleur entre leurs dents, des Maures de la kasbah, drapés de burnous mauves, en ont des touffes piquées au coin de l'oreille, sous la soie voyante des turbans; des Anglais de Mustapha en arborent à leur boutonnière, et les âniers à jambes nues, qui trottent le long des routes, harcèlent d'une branche d'amandier le défilé de leurs bourricots.

C'est une illumination en plein midi, d'une telle caresse et d'une telle fraîcheur de nuance et de lumière qu'une inconsciente joie m'en fait délirer presque; une griserie des yeux, une ivresse de vivre me possèdent et, oubliant ma haine féroce des Algériens dont l'intolérant enthousiasme pour leur beau pays ferait prendre l'Algérie en horreur même à un peintre, (n'entendais-je pas, pas plus tard qu'hier, une dame d'Alger me soutenir qu'en France les roses n'avaient pas de parfum et les femmes pas de sexe sans doute...), j'en arrive à m'en aller rôder, titubant, par les chemins, les yeux éblouis de visions roses, une chanson aux lèvres comme un ivrogne... vraiment ivre de couleurs et de soleil.

> Viens, enfant, la terre s'éveille,
> Le soleil rit au gazon vert,
> Le lis au calice entr'ouvert
> Se livre aux baisers de l'abeille.
> Respirons cet air pur,
> Enivrons-nous d'azur !
> Là-bas, sur la colline,
> Vois fleurir l'aubépine.
> La neige des pommiers
> Parfume les sentiers.

C'est une vieille mélodie de Gounod qui m'obsède, paroles de Lamartine, je crois ; j'ai chanté tout haut comme un somnambule et le son de ma voix vient de m'éveiller brusquement.

> La neige des pommiers
> Parfume les sentiers.

Je répète ces deux derniers vers et je ne puis m'empêcher de sourire, car moi aussi je vois clair dans mon cœur et comprends enfin le pourquoi de mon enthousiasme.

Ces amandiers neigeant aux revers des talus, ces branchages se détachant en clartés roses sur le bleu du ciel et de la mer, mais ce sont les pommiers de mon enfance, les pommiers des vergers normands et des côtes de la Manche : ces échappées d'azur à chaque tournant de route sont aussi bien de la Méditerranée que de l'Océan, l'Océan de lumière et de soie des belles journées de mai, quand, de Saint-Pol-de-Léon à Saint-Valery-en-Caux, pommiers, genêts et primerolles sont en fleurs. La *Fontaine bleue*, le *Frais-Vallon*, le *Ruisseau*, *Birmandres*, pourquoi pas *Yport* ou *Vaucotte*. Les falaises de mon pays ont ces vallonnements et ces replis de terrain ; la nostalgie chez moi s'est traduite aujourd'hui par un accès d'enthousiasme, et c'est une joie toute normande qui me fait depuis huit jours aimer Alger et sa banlieue, pareille à des paysages connus et chers.

FATHMA

PRINTEMPS D'ALGER

La floraison des amandiers, leur givre odorant, comme teinté de rose, s'allumant sur les côteaux de la Bouzareha et de la Maison Carrée, la dégringolade des rues de la Kasbah, lumineusement blanches, entre un ciel d'un bleu profond de vitrail, un ciel comme durci de chaleur, et la mer d'améthyste des printemps de là-bas, la mer de violettes, dont les poètes d'Alexandrie ont chanté l'invraisemblable aspect, la mer d'hyacinthe de Leconte de Lisle et de l'anthologie grecque...

Sur les quais en terrasse du boulevard de la République, c'était toute une gaieté débordante, affairée, les poursuites joueuses des chaouks et des petits cireurs, les grands yeux d'émail blanc brûlés de convoitise des spahis graves, les spahis drapés dans leurs longs manteaux rouges, et les sourires à dents étincelantes des Siciliens de la rue de la Marine, mâchonnant, en guise de cigarette, une tige de fleur. C'était aussi le va-et-vient des voitures de place bondées de misses rousses et roses, la capote encombrée de bottelées d'iris et de glaïeuls, les hèlements d'un siège à l'autre des cochers maltais, un œillet jaune piqué derrière l'oreille, et, dans la lumière, la joie et la douceur de vivre, la foule heureuse et nonchalante installée, ceux-ci à la devanture des cafés, sous les larges bâches éclaboussées de soleil, ceux-là, le coude au parapet des quais, et tous s'épanouissant au bon de l'air, devant la splendeur irisée des monts de Kabylie, cerclant d'arabesques mauves la rade et son immobilité bleue.

C'est dans ce décor tout de chatoiements et de caresses que m'apparut Fathma : Fathma, la beauté indigène à la mode, et dont la petite maison mauresque de la rue de la Révolution s'ouvrait, il y a cinq ans, encore très accessible aux curiosités des hiverneurs, contre une somme qui variait de dix à vingt francs. Grâce à Fathma, les touristes des agences Cook pouvaient pénétrer alors les pseudo-mystères d'un intérieur arabe. Prévenue par les chasseurs des grands hôtels, Fathma tenait à la disposition des visiteurs une tasse de kaoua, dont la générosité des clients pouvait augmenter le prix; un demi-louis était le taux officiel pour une visite. Fathma vendait aussi des broderies algériennes et des costumes arabes, des soieries et des velours d'Orient, le tout naturellement plus cher que dans les magasins d'antiquités de la rue Bab-Azoun, et, pour cinq à six louis, consentait, disait-on, à retirer devant le giaour un peu plus que son voile. C'était la femme à la mode d'Alger, le plat du jour offert à tout voyageur fraîchement débarqué; elle faisait partie du programme du parfait touriste et figurait sur certains guides entre une visite aux bains maures et une séance chez les Espagnoles du quartier de la prostitution; et voilà pourquoi nous l'avions jusqu'ici dédaignée, cette belle Fathma, étiquetée et classée au nombre des divertissements officiels de M. Perrichon. Nous demandions à la fois plus et moins aux repaires d'Alger; voilà près de deux mois que nous en explorions les fumeries et les bouges, et jusqu'aux posadas de banlieue, sans nous soucier de l'élégante Fathma et de sa réputation de beauté; nous ne l'avions même jamais rencontrée.

Et voici qu'elle nous apparaissait par cette limpide et bleue journée de printemps, singulièrement grande et svelte dans ses larges pantalons bouffants de soie blanche, et, sous le transparent haïk dont elle s'enveloppait, gardant une souplesse et une hautaine élégance jusqu'alors non rencontrées parmi les femmes d'Orient. Délicatement chaussée d'escarpins noirs, elle marchait devant nous, accompagnée d'une servante, comme elle hermétiquement enclose dans de bouffantes grègues et de longs voiles blancs. Le soleil la faisait comme lumineuse, spectrale et claire sous son amas soyeux d'étoffes, mais ses hanches n'avaient pas le moindre dandinement, ce dandinement canaille qui alourdit la marche de ses compatriotes et impose immédiatement à l'idée les vagues remous de la danse du ventre; mais ce n'était pas non plus le sautillement d'oiseau de nos frêles Parisiennes. Fathma marchait lentement, simplement, telle une princesse de conte arabe dans les allées sablées de poudre d'or de quelque jardin d'émir. C'était la démarche noble, à talons levés, du fameux vers latin :

Patuit incessu dea...

C'était en face de la mer, sur le boulevard de la République. Fathma ouvrait la porte du magasin Baralice, et nous pénétrions derrière elle; la présentation était vite faite, au milieu des photographies d'art et des bijoux kabyles des vitrines, par Mme Baralice. A l'épithète de *journaliste*, Fathma avait dressé l'oreille, en femme qui connaît la valeur d'une réclame. « Toi, depuis deux mois à Alger, zézayait-elle, d'une voix enfantine et gazouillante, au timbre un peu grave, et toi pas venu voir moi. Pourquoi? » Elle avait posé familièrement sur mon bras une main délicieusement fine et blanche, une main européenne extraordinairement soignée, et dont les ongles, brillantés par les poudres, luisaient comme du corail. Ses longs yeux noirs, à peine mouillés de kohl, fixaient et caressaient avec une insistance étrange, et, sous son dernier voile (car elle avait relevé son haïk), la pureté de son profil transparaissait comme à travers une brume de soie. C'était le type arabe dans toute sa beauté, nez droit et fin, lèvres ciselées, regard enveloppant et fier. « Toi être pas venu, reprenait sa voix zézayante, toi avoir eu tort. Tous ceux de ton pays viennent me voir; Sarah Bernhardt est venue; elle m'a donné ses gants comme souvenir. Coupée, non Coppée, aussi est venu; Loti aussi, et puis d'autres; quand viens-tu prendre le café chez moi? Je te montrerai les gants de Sarah, je les ai gardés dans une boîte; tu viendras, n'est-ce pas? » Et, avec une pudeur singulière dans ce manifeste raccrochage, « madame te donnera mon adresse ». Et, s'étant inclinée devant Mme Baralice, elle ramenait son haïk soigneusement sur ses joues et quittait le magasin.

Rue de la Révolution, dans le quartier de la Marine, une petite rue étroite et baignée d'ombre, une rue du vieil Alger de Barberousse et des pirates; une porte basse en plein cintre comme reculée dans un grand mur crépi à la chaux, pas de fenêtre apparente : c'est la maison de Fathma.

Nous soulevons le lourd marteau de bronze, et, après cinq bonnes minutes d'attente, une tête de moricaude apparaît, effarée, à un judas grillé percé dans la muraille, que nous n'avions pas remarqué, une lucarne presque au niveau des sculptures du cintre; et une inénarrable conversation s'engage en nègre sabir : « Mme Fathma ne peut pas recevoir; elle est dans la peine; son beau-frère, il est mort, et c'est deuil dans la maison. » Comme nous avons prévenu Fathma de notre visite, nous insistons, et la négresse, décontenancée, hésite, puis disparaît tout à coup pour revenir nous patoiser à travers le judas : « Toi donner dix francs, chacun dix francs. » Nous exhibons un louis; la grosse tête disparaît encore une fois; puis, nous entendons dégringoler un pas dans l'escalier, déverrouiller longuement la porte : l'huis s'entrebâille, et nous pénétrons dans la place.

Il y fait noir comme dans un four; c'est à la lueur d'une chandelle qu'on nous fait gravir un étroit escalier voûté où nos genoux, à chaque pas, heurtent la pierre des marches;

la négresse, roulée dans des *foutas* (1) de couleurs voyantes, tourne à chaque degré vers nous le triple éclair de ses gros yeux et de son large sourire. Cela sent diantrement le mauvais lieu, mais la pénible impression cesse au premier.

Nous sommes dans la galerie à jour d'un patio mauresque. Une frêle colonnade de pierre, autrefois peinte et dorée, domine une cour pavée de faïences arabes, et un grand carré de ciel bleu semble un velum tendu au-dessus de nos têtes. C'est, avec la lumière enfin retrouvée, le somnolent et gai décor, moitié de rêve, moitié de réalité, d'un intérieur de palais de conte. Ce sont les fleurs de cire et le feuillage lustré de trois grands orangers, la retombée d'écume et de perles liquides d'un jet d'eau fusant hors d'une vasque, et, dans toute la demeure, une opiniâtre et douce odeur d'épices et de fleurs. Trois paons blancs se déploient au soleil, juchés çà et là, et un singe, enchaîné près du bassin, s'agite et grimace au milieu de dolentes tortues d'eau qu'il manipule curieusement entre ses menottes. Les

(1) *Foutas*, cotonnade bleue à larges raies rouges et jaunes, dont se vêtent les négresses d'Alger.

pieds nus de la négresse courent silencieusement sur des nattes, et cet intérieur, avec ses animaux familiers, ses arbres odorants et son jet d'eau jaseur, nous fait songer, malgré nous, à quelque illustration de *Salammbô*.

Impression, hélas! trop vite dissipée, car la chambre où nous reçoit la dame du logis, meublée avec tout le confortable d'une rentière de la rue Lepic, possède un lit à sommier Tucker, une commode et une armoire à glace; les tapis sont même de fabrication française, des gros bouquets de roses en camaïeu sur fond gris, et Fathma a beau nous accueillir, assise, les jambes croisées à la turque, sur d'authentiques divans encombrés de coussins; sur son ordre, la négresse a beau nous servir le *kaoua* musqué du pays dans des tasses microscopiques; sur un signe d'elle, enfin, une autre servante a beau jeter sur une espèce de brazero de cuivre les aromates de la bienvenue; la myrrhe et l'encens, mêlés aux senteurs des plantes, ont beau tourbillonner en minces filets bleuâtres hors du brûle-parfums..., le charme est rompu, nous ne sommes plus là. Cet acajou bourgeois, ces voiles de fauteuils au crochet et cette moquette vulgaire nous ont transportés dans le salon d'une manucure de la rue Bréda.

Fathma, en veste de soie blanche brodée d'or fin, des colliers de fleurs de jasmin autour du cou, expose en vain à nos regards la finesse de ses chevilles cerclées d'argent et de ses mains chargées de bagues. C'est d'une oreille distraite que nous l'écoutons nous expliquer sa toilette négligée à cause de son deuil, de ce beau-frère enterré le matin, et la splendeur passée de sa famille autrefois riche et puissante, aujourd'hui ruinée par les juifs; *Ces chiens maudits de youdis*, comme elle vocifère avec des éclairs dans ses beaux yeux noirs et des mains tout à coup menaçantes. Nous qui savons, et de source certaine, que la dame a pour amant de cœur un juif de la rue de la Lyre, qui écoule chez elle ses vieilles broderies et ses vêtements de femme démodés (car elles ont une mode aussi, en Alger, les princesses de conte), nous l'écoutons plus froidement encore nous proposer pour nos amies de France de superbes costumes de femmes arabes; et nous ne retrouvons un peu de notre rêve d'Orient qu'en prenant congé de la belle, dans le patio mauresque hanté par les paons blancs, où Fathma, descendue pour nous faire honneur, nous fera remarquer qu'elle a maquillé son singe. « Tu vois, j'ai mis du bleu à son œil et du rouge à *son* figure pour qu'il soit plus joli. » Ce petit singe enchaîné qui, pour se distraire, tourmentait le long des jours deux sommeillantes tortues d'eau, ménagerie bien arabe d'une captive de harem, d'une odalisque oisive à la cervelle d'enfant.

DIVERTISSEMENTS ARABES

I

A Alger, rue de la Révolution, dans sa petite maison du quartier de la Marine, Fathma reçoit. Elle a invité ses amies à prendre le kaoua; depuis le matin, ses deux négresses trottent par les rues en escalier de la Kasbah, portant le bon message aux Leïlha et aux Nouna des maisons mauresques; et maintenant, parée comme une châsse, ses fines chevilles gantées de soie blanche, comme amincie par le ballonnement extravagant des grègues bouffantes, les tempes et le cou ornés de colliers de jasmin, Fathma attend, les coudes appuyés aux deux piles de coussins, les jambes savamment repliées sous elle, les babouches de velours rouge écrasé de broderies d'argent et de perles à peine retenues d'une crispation d'orteil.

Ses paupières outrageusement peintes, ses pommettes frottées de rose donnent à ce joli visage un inquiétant aspect de tête de cire ; il n'y a pas jusqu'à ses dents, petites et courtes, telles des grains de riz, qui, dans le rouge écrin des lèvres carminées, ne fassent songer au sourire d'une poupée ; et, sous ses soieries vertes et mauves, d'une nuance de bonbons fondants, et ses bijoux de filigrane, ce n'est plus le délicieux fantôme d'Orient entrevu dans le clair obscur des ruelles de la ville arabe, mais une espèce de jouet fastueux à l'usage d'enfants trop riches, une idole automate qui siège et parade, immobile, dans l'atmosphère déjà épaisse de la chambre emplie de brûle-parfums.

Une à une, les invitées arrivent. Elles ont toutes laissé leur haïk et montrent toutes la même face de poupée effrontément peinte, couleur de meringue et de praline, sous les bandeaux d'un noir bleu, bouffants hors d'un foulard rose ou vert. Toutes sont somptueusement parées, et l'invraisemblable envergure de leur pantalon de soie leur fait presque à toutes une taille guêpée, mais leur donne en revanche une démarche de cane. Elles portent d'un même geste une main à l'œil droit et à la bouche en signe de bienvenue, et, après un gazouillement rauque, s'accroupissent en cercle sur les nattes. Toutes ont une suivante, quelques-unes, les plus riches, deux ou trois, qui vont se ranger silencieusement derrière leurs maîtresses et se tiennent debout contre la muraille.

Une esclave maugrabine circule entre les femmes et dépose auprès d'elles de minuscules tasses de café turc. Un orchestre arabe, — une flûte de roseau, une guzla et une derbouka — installé dans une pièce voisine entame son charivari déchirant et monotone. Une portière hermétiquement close dérobe aux musiciens la vue de ces dames, et, aux accents de la flûte rageuse et de la derbouka qui ronronne, des invitées se lèvent une à une, lancent leurs babouches loin d'elles, et, talons nus sur les nattes, piétinent, avancent et reculent sur place, tandis que leur ventre, tout à coup déplacé, oscille, rentre et se gonfle avec des remous de bassin de femelle en gésine ; les spectatrices, elles, frappent en cadence la paume de leurs mains avec de rauques appels à la mode espagnole.

Ce sont là les plaisirs mystérieux de la danse du ventre... Puis Fathma fait apporter ses coffres. Il en est de bois de cèdre, il y en a en nacre, en bois de santal et en carton peint, fleuris de roses et d'œillets de couleurs criardes, d'anciens et de récents, et jusqu'à des coffrets de verre montés en bronze et capitonnés de soie tendre, venus du magasin du Louvre. Préalablement ouverts par les mains de Fathma, coffres et coffrets circulent au milieu de ces dames ; ce sont la garde-robe et l'écrin de la maîtresse de céans. On regarde les bijoux, on palpe les soies, on admire les étoffes, l'orient des perles et la monture des bagues, et ce sont des querelles passionnées, des estimations rageuses, des compliments serviles, et des cris et des rires.... Puis, tout à coup, Fathma se lève.

Tranquillement, elle ôte sa veste, sa veste de velours bossuée de pierreries; une autre veste apparaît en dessous; elle est de soie orange soutachée d'argent mat; elle ôte encore cette veste tandis que ses grègues bouffantes glissent et tombent sur ses talons; sous ses pantalons, d'autres pantalons apparaissent qui vont disparaître encore. Fathma se déshabille, les autres dames en font autant, elles sont toutes debout, et lentement, comme des chrysalides, se dépouillent avec des gestes las de leurs soieries et de leurs gazes; mais c'est pour reparaître vêtues d'autres gazes et d'autres soieries, dans de successives et imprévues transformations. Il y a toujours des vestes sous les vestes et d'autres pantalons sous les pantalons; c'est comme une éclosion de fleurs éternellement renaissantes sous un perpétuel effeuillement de pétales, un vol changeant et diapré de papillons s'engendrant d'un coup d'ailes en d'autres papillons.

Tout à coup, au milieu de cette lente et toute orientale exhibition, un temps d'arrêt, un effarement, presque un effroi, un grand silence. Fathma vient d'ôter sa dernière veste, une petite veste de soie blanche, et sourit triomphante ; Fathma porte un corset, un corset de Paris, un corset mauve à fleurettes Pompadour, le dernier modèle de la rue de la Paix, l'article parisien... et Fathma est la seule. Les autres femmes l'observent en dessous, dépitées, rancunières, et Fathma, impassible, mais les coins de la bouche retroussés par un divin sourire, jouit délicieusement de leur envie et de leur stupéfaction.

Maintenant Fathma se rhabille ; ses deux négresses lui passent tour à tour de bouffantes culottes de satin lilas, une chemisette de gaze lamée d'or et les autres pièces du costume. Les autres femmes en font autant ; leurs suivantes les accommodent de vêtements non encore vus, apportés par elles, et quand, une fois rhabillées, toutes ont devant elles un tas chatoyant de soies et de costumes, les belles idoles s'accroupissent de nouveau au milieu des coussins ; et les voisines, les autres dames du quartier et de la Kasbah, les amies et les connaissances en deuil ou moins riches sont introduites et défilent avec des gestes avides de guenuches ; elles palpent le grain des étoffes, le relief des broderies, soupèsent les joyaux, admirent et potinent.

II

Dans l'atelier de Marchellemont, l'éditeur d'art de la rue de la Mer-Rouge, une étroite pièce oblongue située au premier d'une vieille maison arabe convertie en imprimerie, un entassement de bibelots et d'antiquités pittoresques, bizarres, des bijoux kabyles, de belles armes de fabrication arabe. Aux murs, des panneaux de velours de Scutari d'un jaune d'or frappé de vert, quelque chose de lumineusement trouble et doux, comme une vague trempée de soleil; par terre des tapis d'Asie, d'autres en poils de chameau et, dévalant des divans éreintés et comme crevés sous le poids des cruches et des bassins de cuivre jetés au travers, partout, à droite, à gauche, des écroulements soyeux d'étoffes et de coussins.

Nous sommes bien là une dizaine de Français, réunis au hasard de la rencontre, dix flâneurs venus par veulerie serrer la main, dire un bonjour en passant à l'ami Marchelle; les heures se traînent si voluptueusement vides et douces sous ce beau ciel d'Alger! Ne rien faire et rêver, se laisser vivre et songer, telle est la devise des hommes d'Europe attardés sur ces rives de paresse et de langueur.

Il y a un procureur général de la République, un avocat à la Cour d'appel en vacances, un professeur à l'École de médecine d'Alger, deux hommes de lettres en mal de *pérégrinations* exotiques, un banquier de Constantine, un lieutenant-colonel de spahis, etc., et, tout en fumant d'excellent tabac turc, friable, soyeux et doré, nous causons — vautrés au revers des divans — femmes de France, d'Afrique, amour de tous les pays, de toutes les classes, de tous les climats, — le climat, ce maître tout puissant des morales et des prostitutions.

Pour nous distraire, notre hôte, qui songe à tout, à fait monter deux *Ouled Nails* du quartier de la Marine, deux petites filles du désert, prostituées et mendiantes, qui, affublées d'oripeaux et scintillantes de bracelets, rôdent le long des jours autour des cafés du boulevard de la République, offrant aux consommateurs de lire l'avenir dans leur main dégantée, leur œil somnolent de fauves au repos brusquement allumé à la vue d'un louis d'or.

Elles sont là, rentassées dans un angle, appuyées l'une sur l'autre dans l'attitude de deux bêtes traquées, sournoises et attentives, avec des yeux inquiets et des petites mains prêtes à griffer.

Des coiffures bizarres, carrées et dorées comme des mitres, s'écrasent au ras de leurs sourcils; et, avec leurs lourdes tresses de crin bouffant autour de leur ronde face olivâtre, un pitoyable rideau de mousseline à fleurs jeté comme un manteau sur leur robe de cotonnade rouge, elles évoquent assez la vision de deux petites idoles malfaisantes et stupides.

Elles nous observent de leur côté, immobiles, en silence.

Mais nous les avons assez vues. Marchelle se lève, leur chuchote je ne sais quel mauvais arabe à l'oreille et les pousse derrière une portière : elles résistent un peu avec un léger tourdion des hanches, mais il insiste et elles disparaissent avec lui... La portière se relève, les deux Ouled reparaissent et notre hôte avec elles.

Les deux petites idoles de terre brune sont nues, abolument nues ; elles n'ont gardé que leurs lourdes coiffures tressées, piquées de longues aiguilles et de chaînes de métal. Leur peau, que Marchelle nous fait toucher, est froide et résiste sous le doigt comme du caoutchouc; une patine étrange lustre les méplats de leurs bras un peu grêles et de leurs fesses énormes; elles ont la gorge ronde, mais basse, le ventre en pointe et des cuisses en poire, avalées et renflées à la fois, d'un dessin ignoble; les reins sont pourtant creusés et d'une jolie chute. Mais une stupeur nous fige tous : leur corps est glabre et poli partout comme celui d'une statuette de bronze; aucune des touffeurs chères à Catulle Mendès ne jaillit et ne ponctue d'un frisson ombré les méplats et les creux : c'est la terrible *N'en a pas* du roman de Zola, la *Grenouille Humaine* de *la Terre*, et nous avons tous le même effroi horripilé de cette chair sans poil, odorante et froide; car une chaude odeur de suint et d'épices, d'aromates et de crasse, s'émane de ces deux nudités de bête, et c'est bien deux bêtes d'une espèce inconnue, inquiétante par ses côtés humains et simiesques, que ces deux Ouled posent indifféremment devant nous.

« Aucun succès, je vois cela, conclut notre hôte en congédiant ses deux bronzes d'art.

Voulez-vous que je fasse monter Kadour? »

Kadour est le petit Arabe vêtu de drap bleu soutaché d'or, qui fait l'office de chasseur à la porte. Il a la mine éveillée d'un enfant kabyle, des dents de nacre et des grands yeux riants.

« Kadour! pourquoi? »

Et quand Marchelle, avec une insouciance toute algérienne, nous a mis au courant des qualités de Kadour : « Mais c'est épouvantable, s'indigne l'un des assistants, c'est un enfant, il n'a pas onze ans! » — « Bah! En Algérie, il y en a qui commencent encore plus tôt. » Alors, l'un de nous : « Mais vous n'avez pas de honte! il doit atrocement souffrir, cet enfant! » Et sur un geste vaguement négatif de Marchelle : « On voit bien que vous n'y avez pas passé », interrompt tout à coup le lieutenant-colonel de spahis, qui regrette aussitôt sa réflexion imprudente.

On n'en dit pas plus long ce jour-là.

BANLIEUES D'ALGER

MUSTAPHA SUPÉRIEUR

> Devant nous, la ville hors la brume émerge
> Et s'éploie en dômes d'or
> Et se dresse
> En minarets de feu
> Où tombe, de terrasse en terrasse,
> Vers la mer — blanche ville en sa grâce —
> Et, derrière nous, l'éveil mystérieux de l'ombre.
>
> Vielé-Griffin.

Cette prose nostalgique et cadencée, évoquant la descente en amphithéâtre de je ne sais quelle blanche ville de songe vers le bleu de la mer, c'est la description même d'Alger,

Alger prise en écharpe et vue de côté des hauteurs verdoyantes de Mustapha supérieur, Alger que les métaphores arabes ont comparée dans sa nonchalante attitude à une Mauresque couchée, dont la tête s'appuierait à la Bouzaréha, tandis que les pieds nus baigneraient dans la mer.

Au-dessus de la poussière incessamment remuée des rues Michelet et du plateau Saulière par les tramways du Ruisseau et de l'Agha, c'est ainsi qu'elle apparaît, cette Alger déjà lointaine et mensongère, d'autant plus blanche qu'elle est ensoleillée, d'autant plus attirante derrière sa ceinture de bois d'eucalyptus, qu'on ne sent plus à ces distances les écœurantes odeurs de détritus de sa Kasbah.

Oh! le service de la voirie des rues montantes et tortueuses de la ville arabe, ses ânes chargés de couffins débordant d'ordures, les tas de choux pourris, d'oranges avariées et de loques sans nom de ses impasses, et l'horrible impression du pied glissant dans je ne sais quoi de remuant et de mou par le clair-obscur de certaines de ses voûtes!

Et les émanations du marché de la place de Chartres, et les relents de friteria et de cuisine maltaise des arcades de la Marine! Comme on est loin de tout cela au milieu des orangers et des pêchers en fleurs de ces belles villas de Mustapha, Mustapha tout en profonds jardins aux pelouses peignées, aux massifs d'arbres rares éclaboussés de floraisons éclatantes, Mustapha pareil, avec sa suite d'hôtels princiers, de family-houses et son bois de Boulogne, à quelque Passy-Neuilly d'Alger, dont le château de Madrid serait l'hôtel Kirsch ou le Continental.

Hôtels de luxe à cinquante francs par jour pour Anglais spleenitiques et fils de maradjah cosmopolites et littéraires; villas mauresques avec patios de marbre, étuves et mosaïques hispano-arabes, à vingt mille francs la saison pour grandes dames juives en mal de troisième lune de miel, après veuvages tragiques ou divorces légendaires; anciennes maisons arabes tendues d'andrinople et de nattes et lambrissées de pitchpin, à l'usage de décavés du boulevard et de demi-mondaines assagies, venus guérir au soleil d'Afrique des suites d'éther et de morphine compliquées de culottes au club; maisons françaises à six étages avec téléphone, ascenseur et tout ce qui s'ensuit; demi-pensions de familles pour jeunes misses délicates, que le climat d'Alger achèvera sûrement ; demi-cités d'ateliers pour musiciens névrosés et peintres amoureux de la lumière, que l'Algérie guérira et reverra désormais chaque hiver : tel est Mustapha supérieur avec ses larges avenues ombragées et montantes, bordées de terrasses enguirlandées de glycine et de lierre, empourprées de bougainvillias fin janvier, éclaboussées d'iris et de glaïeuls en mars, embellies de fleurs en toutes saisons. La résidence d'été du gouverneur y profile ses moucharabies et ses deux corps de bâtiment presque au-dessus du Bardo d'Alger, cette merveille dont l'architecture résume à la fois tout le Maroc et tout l'Orient.

Un temple protestant s'y trouve naturellement, et c'est, par l'adorable chemin des Aqueducs, cette avenue des Acacias de la ville des Deys, un perpétuel va-et-vient de cavaliers et d'amazones, amazones aux cheveux jaunes et à la gorge plate, cavaliers en tenue de tennis, pantalons de flanelle et souliers de cuir fauve, qui font de ce joli coin et malgré le ciel bleu et les belles fleurs d'Afrique un sot et prétentieux faubourg Londonnien.

Les *good morning* et les *Ah! beautiful indeed* y gargouillent de l'aube au crépuscule

Entre d'effroyables mâchoires à quarante-deux dents,

les mélodies de Tosti y font rage, les pieds plats y font prime, les *five o'clock tea*, et les *nine o'clock tea* et *les twelve o'clock tea* y emplissent les journées; les épiceries, les pharmacies et les crèmeries, toutes les boutiques y sont anglaises, les domestiques de Genève, et les hôtels tenus par des Allemands.

Oh! my dear soul, Maud and Liliane are here certainly.

Oh! ma chère âme, Maud et Liliane sont ici sûrement.

LE RUISSEAU

Le Ruisseau, ainsi nommé parce qu'il n'y en a pas. Un petit village espagnol au bord d'une route poussiéreuse, une unique rue bâtie de maisons basses recouvertes en tuiles roses, des hangars de poteries qui sèchent là au soleil dans les perpétuels courants d'air de la

Méditerranée toute proche, une odeur d'ail et d'anisette mêlée à d'entêtants parfums de lauriers-roses ; des thyrses criblés de fleurs et l'azur profond de la mer d'Afrique barrant à l'horizon les cent mètres de plaine qui servent d'emplacement au village : voilà le Ruisseau.

De hideux tramways de la place Bresson y soulèvent toutes les demi-heures une âcre et tourbillonnante poussière ; des diligences bondées d'Arabes, de colons crasseux et de zouaves permissionnaires y relaient à toute heure ; au seuil des *aguardientes*, de grands gars au teint olivâtre se tiennent le long des jours accotés, les reins sanglés de ceintures flambantes, déhanchés et souples avec, rabattu sur leurs yeux noirs, l'immense chapeau gris des *nervi* de Marseille.

Espagnols de Carthagène ou d'Alicante, que la misère et la paresse ont chassés de leur pays, ils ont fondé là, à un kilomètre d'Alger, à vingt portées de fusil à peine de la merveilleuse allée de bambous et du rond-point de ficus du Jardin d'Essai, une colonie à l'étrange aspect de bourg de Sierra et de banlieue parisienne.

Il y a du Point-du-Jour et des berges de la

Seine dans cet amas de bicoques poussées au bord de la mer bleue, sur cette route aussi passagère que peut l'être à Paris l'avenue de Versailles; et cette écume de la population, longs gaillards aux gestes indolents d'hommes trop beaux pour rien faire, filles à la voix rauque, l'accroche-cœur en virgule sur la blancheur des tempes, la taille entortillée de châles de couleurs voyantes, rappellent, à travers d'indéniables différences de races et de climats, la clientèle des bateaux-mouches des beaux lundis d'Auteuil; mais, si le voisinage de l'Agha et de ses casernes (l'Agha, ce quartier de l'Ecole militaire d'Alger) a mis dans tous les alentours comme un parfum de basse prostitution, relents du Gros-Caillou ou de la plaine de Grenelle, les grands flandrins à faces de bandit ont des navajas passées dans leur ceinture, des lueurs d'acier dans leurs yeux morts, et les filles à la démarche éreintée de roulures ont parfois un rouge œillet piqué et combien fièrement dans leurs cheveux pommadés et noirs.

De jolis airs de guitares y fredonnent le soir dans l'ambre lumineux et la chaude torpeur des crépuscules de mars; le Tango y piétine aux sons des castagnettes avec des cris aigus et des *olle* rageurs, l'atmosphère y sent le rut et le carnage.

Cette chanson du Ruisseau, qu'un professeur d'Alger m'a bien voulu traduire :

Là-bas, près du Ruisseau,
Y a des belles filles,
Mercède, Carmencite, Pépite et Thérézon

Là-bas, près du Ruisseau,
Jotas et séguédilles
Font au bruit des guitares et zitte et zette et zon.

Là-bas, près du Ruisseau,
Y a des belles filles
J'y vais me promener, chantant une chanson.

Là-bas, près du Ruisseau,
Je rencontre Inésille.
Je lui cueille un œillet et lui dis « Prends mon nom! »

Elle alors, ajustant
Ma fleur dans sa mantille :
« Ton nom! hé, pourquoi faire? n'as-tu pas des doublons?

« Là-bas, près du Ruisseau,
« Faut pas craindre les filles.
« Allons, grand innocent, suis-moi dans le vallon! »

« Là-bas, près du Ruisseau,
« Faut pas suivre les filles.
« Des couteaux catalans luisent dans les buissons »

Et, de mon gilet neuf
Tirant de l'argent qui brille :
« Conduis-moi dans ta chambre et là je t'aimerai. »

« C'est parler en garçon,
Proclame alors la fille,
« Viens donc, j'ai l' cœur chaud et te le prouverai. »

C'est sur les lèvres inconscientes d'un garçonnet de dix ans que je l'ai surprise un dimanche, à la tombée de la nuit, pendant que des filles engoncées de lainages roses et jaunes riaient bruyamment avec des chasseurs d'Afrique devant la porte d'une auberge ; leurs amants en sombreros les surveillaient de loin, la cigarette aux dents ; et le chanteur, lui, petit potier en herbe, rangeait sous un hangar jarres et gargoulettes.

NOTRE-DAME D'AFRIQUE

Au Sud-Ouest d'Alger, du côté opposé à Mustapha-Supérieur, après les rues Bab-el-Oued et du quartier de la Marine toutes grouillantes d'une équivoque population d'Espagnols et de Maltais, la route bordée de figuiers de Barbarie monte par la Carrière, et, laissant au-dessous d'elle les ruelles malpropres de Saint-Eugène, serpente et monte encore, quelque temps encaissée entre un double rang de petites villas.

Villas bon marché étranglées dans des petits jardinets plantés de mimosas, de palmiers et de rosiers, d'un aspect minable et poussiéreux malgré le luxe d'une végétation folle, c'est le quartier des petites rentes et des petites bourses d'Alger, le bain de mer du faubourg où le Français, trop gêné pour émigrer en France les trois mois d'été ou s'installer du moins dans les fraîcheurs ombreuses de Mustapha, vient se réfugier à cinq cents mètres de la ville ensoleillée, sous les coups d'éventail de la Méditerranée; la Méditerranée qui baigne ici d'innombrables estacades de restaurants casse-croûte, « *coquillages et poissons frais pêchés à toute heure* », les fritures et matelotes à tonnelles défeuillées des vilaines berges de la Seine.

Mais, à mesure que nous montons, les toits de Saint-Eugène s'abaissent, les casernes s'aplatissent, et entre les villas plus rares une immense étendue d'azur presque violet, un pavage étincelant et dur de lapis et d'émail emplit tout l'horizon. Du cap Matifou entrevu, d'une transparence infinie sous le ciel, comme vaporisé de chaleur, jusqu'aux premières roches luisantes et brunes de la Pointe Pescade, c'est la mer de violettes des poèmes antiques, les vagues d'hyacinthe que Leconte de Lisle évoque dans tous ses vers, mais que seul Jean Moréas a bien chantées avec la conviction persuasive d'une enfance passée à les entendre et à les regarder rire et pleurer sur des rivages illustres.

Et tel est l'enchantement de cette mer immobile dressée sur l'infini comme un mur d'améthystes, telle est l'imposante grandeur de cet horizon d'eau, dont tout détail pittoresque a même disparu (on ne voit même plus Alger et sa rade bordée de chimériques montagnes; tout s'est effacé dans un lumineux brouillard de chaleur), telle est enfin l'irradiation de cet unique et splendide décor, qu'on en oublie l'ignoble et laide foule de pèlerins endimanchés cheminant avec vous au flanc de la montagne. Trôlées d'Espagnols en bordée, venus là comme à la foire de Séville, avec des bouquets de fleurs fanées piquées sous les chapeaux; Maltais fanatiques en casquettes de fourrures, des cache-nez quadrillés sur leur veste de matelot; Italiens bronzés, les pieds nus dans des espadrilles; affreux marmots mal mouchés pendus

aux jupes de femmes à châles, les enfants à
sucres d'orge et à trompette de cuivre de nos
fêtes de banlieue; Arabes déguenillés marmonnant là je ne sais quelle prière, accroupis au
tournant de la route; Algériennes en robe de
soie à lourdes tournures de Marseillaises, vieilles
dames à chapelet égarées, Dieu sait comment,
dans cette montée à la courtille, et sur leurs pas
les inévitables séminaristes à tête glabre, retroussant comiquement des soutanes râpées sur
les maigres tibias des virginités rancies; toute
l'horreur enfin des foules en mal de dévotions
ou de fêtes avec, échelonnées le long du chemin, les buvettes, les guinguettes, les boutiques
de vendeurs de médailles, de bondieuseries
et de chapelets, de marchands de saucissons en
plein vent, et les débitants ambulants de sirops
et de limonades des retours de Saint-Cloud.

Et les cris dans tous les idiomes de la Méditerranée, les interpellations rauques, les jurons
des cochers se dépassant, s'accrochant et fouaillant leurs rosses! les odeurs *sui generis* de
cette humanité en marche, haletante au soleil
et malpropre, et l'infamie des mendiants à béquille ou à moignons, avec sur l'œil un bandeau
de linge sanglant.

Mais des psaumes s'élèvent sous le ciel torride avec des bouffées d'encens, des orgues chantent : les élèves des Pères blancs défilent escortés des longues robes de leurs professeurs, et la foule s'engouffre dans les trois porches de l'église. La nef est bondée, on s'empile sur les degrés extérieurs du portail, des Maltaises enveloppées de capes noires psalmodient à genoux autour d'un petit calvaire, et, dans le clair-obscur de la chapelle illuminée de cierges aux écœurantes fadeurs, d'équivoques ex-votos sont pendus aux murs qui étonnent et terrifient ; ce sont des bras, des pieds, des mains, tous les membres humains exposés là en cire et témoignant d'un vœu et d'une guérison.

Suprême épouvantail enfin, au-dessus de tous ces simulacres de la maladie et de la souffrance, au milieu de toutes ces lueurs et de ces chaudes odeurs qui font défaillir, une vierge énorme, une statue géante et négresse s'érige au fond du chœur, au-dessus de l'autel, constellée de joyaux et drapée de soieries comme une madone espagnole.

Toute noire au milieu du flamboiement des cierges, elle évoque sous cet accablant soleil d'Algérie l'idée de je ne sais quelle effroyable idole, et cependant tout le christianisme est en elle, tout l'amour et toute la pitié pardonnante d'une religion de tendresse, car sur l'arceau même de la voûte, qui se courbe au-dessus de sa tiare, étincelle en exergue cette invocation sublime :

« Notre-Dame d'Afrique, priez pour nous et pour les Musulmans. »

LES TOURNANTS ROVIGO

Un peu au-dessous de la caserne d'Orléans, dominant de ses murailles et de ses bastions mauresques toute la ville d'Alger et le port et la rade et jusqu'aux lointaines montagnes détachées en fines découpures mauves sur le bleu de la mer.

A gauche, ce sont les dernières maisons de la Kasbah, tassées en ruelles et en impasses autour de cette place du Rempart-Médéhé, dont j'aimais tant l'élégant café maure, un café bien plus turc qu'arabe avec sa treille enguirlandée de vignes vierges, ses bancs installés dehors et son public d'indigènes attirés là par les bourdonnantes musiques de l'intérieur; puis, c'est l'espèce de ravin où montent, en se suivant entre deux rangées de hautes maisons modernes, les trois cents et quelques degrés de l'escalier Rovigo : l'escalier Rovigo, cette large et belle trouée ouverte sur la mer et la ville française, avec son avenue de caroubiers, où tout un peuple de moineaux querelleurs met, soir et matin, un pépiement grésillant de friture. A droite, enfin, c'était l'*aguardiente* espagnole où j'avais pris l'habitude de monter quotidiennement, à la chute du jour, pour m'asseoir là, sous la tonnelle, au bord même de la route toute sonnaillante de bruits de charrois et de troupeaux de bourricots, regagnant El-Biar ou descendant à la ville.

J'avais fini par l'aimer, ce coin de route suburbaine, et pour ses larges échappées sur Alger et pour son paysage à la fois militaire et arabe, indigène et français, par l'opposition de la Kasbah si proche, dominée par le quartier des zouaves, cet ancien palais du dey aujourd'hui la caserne de deux régiments.

Puis, à la porte même de mon *aguardiente*, un grand atelier de menuiserie mettait une âpre et persistante odeur de sapin neuf, d'autant plus réconfortante à respirer dans le voisinage de la ville arabe. A cent mètres de là enfin commençait cette belle promenade des Eucalyptus qui fait aux remparts d'Alger une ceinture de feuillage odorant et sain; et, à cette heure crépusculaire, dans l'ombre demeurée lumineuse et comme dorée par la poussière du chemin, cela m'était une douceur infinie que d'entendre la brise plus fraîche s'élever avec un imperceptible bruit d'eau dans les feuilles, la Kasbah s'emplir de rumeurs et de pas sous la montée de sa population rentrant du travail, tandis qu'au loin, du côté du Sahel, des sonnailles de chariot s'éteignaient lentement.

Au-dessus des eucalyptus, aux pieds desquels j'avais rôdé toute la matinée, grisé d'ombre ensoleillée et d'air pur, comme de l'ouate rose s'effilochait dans un ciel vert pâle; et c'était au-dessus des arbres devenus noirs un envolement de flocons de pourpre, comme une pluie de cendre incandescente en train d'engloutir, là-bas, au delà des coteaux, quelque ville maudite. Sur la route l'ombre était étrange, de silencieuses silhouettes y passaient que je ne reconnaissais pas : zouaves de la caserne voisine se hâtant vers Alger, Arabes enlinceulés dans leurs burnous, ouvriers espagnols à larges sombreros qu'éclairait brusquement le passage d'un tramway, puis tout retombait dans la nuit, une nuit chaude, alourdie d'odeurs suaves et composites, et, devant ce peuple de fantômes coulant à pas de velours sur cette route déserte vers Alger s'allumant et bourdonnant plus bas, une délicieuse angoisse m'étreignait au cœur en même temps qu'un vrai chagrin d'enfant, à la pensée qu'il m'allait falloir quitter ce pays!

Ce pays d'engourdissement et de demi-sommeil, où depuis trois mois je m'éternisais, toute énergie absente, tout souvenir éteint, sans un regret pour les affections laissées en France, sans un désir de retrouver Paris.

Adorable et dangereux climat que celui qui peut ainsi supprimer le système nerveux d'un être! Dans cette perpétuelle caresse de l'épiderme et des yeux, l'atroce clameur des sens s'était même enfin tue, la mémoire endormie, et avec elle le culte des anciens maux subis, et j'avais oublié, oublié.

Cette pitié de l'heure, comme l'a appelée un poète, je l'avais éprouvée et connue, j'avais su enfin ce que c'était que l'oubli.

Ici l'on oubliait! et une opprimante terreur me prenait à la pensée que j'allais réintégrer cet effrayant Paris, Paris, la ville où l'on n'oublie pas, car la vie factice et surchauffée y crispe trop les nerfs, y secoue trop les cerveaux et, si l'on y stupéfie parfois la mémoire et le regret par les anesthésiants, la morphine, l'éther, etc., personne n'y peut oublier et n'y oublie vraiment... l'existence y est trop ardente pour cela.

Et ce pays qui m'avait guéri, il m'allait falloir le quitter, et pour n'y jamais revenir peut-être et je me levais brusquement de ma table avec sous les paupières une ridicule montée de larmes. Du côté d'Alger, la lune subitement élargie au-dessus de l'Amirauté, baignait et la route et le port comme d'un immense filet aux lumineuses mailles; et c'était, dans toute la largeur de l'horizon, l'étincelant clapotis de petites vagues de nacre.

UN AN APRÈS

D'ALGER A CONSTANTINE

NOTES DE VOYAGE

Nous avons laissé Alger baignant dans la douceur infinie du petit jour qui fait les matins de là-bas inoubliables, un Alger gris perle, lumineux et enveloppé comme de gazes de vieil argent, tandis que, sur la rade moirée par places de glacis d'or, l'aurore s'annonce par un immense feu de bengale violaçant tout l'horizon et allumant, comme dans une féerie, les neiges du Djurjura.

Ah! les aurores d'Alger, comme elles m'apparaissent déjà lointaines, reculées dans l'irréparable et le jamais plus, ces heures passées sur le balcon de l'hôtel dans la fraîcheur matinale, frileusement enveloppé de couvertures, à peine vêtu dessous, sorti en hâte du lit pour assister à l'embrasement, à la féerie de lumière et de couleur des montagnes de la Kabylie !

Le charme de rêve et le bien-être tout animal de ces *quatre à cinq* quotidiens dans l'atmosphère de perle de cette ville d'hiver à la fois douce et gaie comme un matin d'avril, les retrouverai-je jamais ?

Les clairons s'éveillaient dans les casernes ; c'était partout, des hauteurs de la Kasbah aux quartiers de cavalerie de Mustapha inférieur, une jeune envolée de fanfares ; des cris de portefaix montaient de la Marine dans de sourdes rumeurs, et tout cela se fondait, sonorités et couleurs, dans une atmosphère ensoleillée et chantante, où le lilas du ciel, se colorant de rose, devenait, par je ne sais quel mirage, l'immédiate correspondance d'un galop de spahis au tournant de cette rue, d'un parfum musqué d'œillets et de narcisses subtilement épars en l'air.

Et la silhouette, comme éternelle, des six

Arabes immobiles, déguenillés et fatidiques, retrouvés, tous les matins, accoudés au parapet du quai, en contemplation devant la mer?

A la station de la Maison-Carrée, Courtellemont, l'éditeur d'art et l'artiste d'Alger, a voulu venir nous redire adieu. Il s'est levé pour cela à quatre heures, et, sanglé dans le perpétuel dolman noir qui le fait ressembler à un dompteur, il est là, botté, la cravache à la main (car il est venu à cheval), qui nous sourit de son bon sourire, la main à la portière. Il a apporté un gros bouquet de violettes qui ne nous quittera plus durant le voyage, et l'air de santé, la force heureuse de ce petit homme trapu, ses bons yeux de malice attendris aggravent encore l'espèce de malaise inhérent à tout départ.

« Vous m'écrirez de Constantine; non, plutôt de Biskra. Je tiens à votre impression sur le désert; mais ce que vous allez être heureux à Tunis! N'oubliez pas le souk aux étoffes. » Et le train s'ébranle, et nous voilà partis.

Constantine, c'est le froid, c'est le brouillard, cinq ou six degrés au-dessous de zéro comme en France. Ici, c'est la tiédeur embaumée et la brise alizée d'un matin de mai d'Antibes.

Nous venons de passer deux mois dans l'exquise et somnolente douceur de vivre de ce climat enveloppant et nous partons... parce que d'autres pays à voir, je ne sais quelle stupide concession au snobisme et à la curiosité...

Sire, vous êtes roi, vous m'aimez et je pars...

A l'horizon, la Kasbah déjà lointaine, toute blanche, échelonnée dans le bleu de la baie, m'apparaît comme une autre Bérénice.

Des horizons de montagnes se succèdent sans trêve, des gorges et puis des gorges, des couloirs comme taillés à même dans des blocs de granit, pas un arbre; çà et là quelques brins d'herbe, romarins rabougris, tiges blêmes d'alfas... C'est dans ce chaos que la voie du chemin de fer serpente et se traîne depuis des heures; des *oueds* (petits ruisseaux) filtrent une eau jaune et rare dans des lits de fleuves poussiéreux et profonds; des cimes d'un noir bleu, comme plaquées de neige, surplombent des premiers plans de roches d'un terne gris rosâtre; çà et là surgit un maigre lentisque : vrai pays de désolation.

Au loin, de vagues silhouettes de bergers nomades, gardant au flanc d'une montagne en pierraille la lèpre mouvante d'un troupeau. Drapés dans des loques grisâtres, les mains et le visage de la couleur des pierres, ils ont l'air sculptés à même les roches du paysage, immobilisés là par je ne sais quel enchantement. Etres figés, ramenés au règne minéral, ils inquiètent par leur attitude à la fois songeuse et hautaine; leurs grands yeux noirs seuls donnent une impression de vie dans ces faces couleur de sable et de tan. Ils contemplent dédaigneusement les trains qui passent et semblent éterniser, en dehors du temps et de l'espace, l'immuable des civilisations disparues devant nos modernes sociétés qui passeront; puis ce sont, entrevus dans l'échappée lumineuse de tunnels successifs, des gorges et des ravins, puis des ravins encore, qui se creusent et qui fuient au pied des hautes murailles de roches vitrifiées : les gorges de Palestro, les Portes-de-Fer.

Dans les wagons de premières, littéralement bondés, l'atmosphère est rare, les filets ploient sous le poids des colis. Les genoux encastrés les uns dans les autres, les membres moulus, brisés, et l'estomac en accordéon, les voyageurs, faces tirées et grises, boivent de l'eau de Saint-Galmier en chipotant des mandarines. Dans les troisièmes, à côté d'Arabes pouilleux, c'est un convoi de prisonniers.

Faces effarées de bétail qu'on mène à l'abattoir, ils sont là une dizaine, militaires nationaux ou indigènes, qui voyagent sous la garde de sphahis et de gendarmes. Aux stations, on fait descendre toute cette humanité misérable et malpropre et on la mène en troupe faire *coricolo* (*sic*). C'est assez dire qu'il est impossible de *coricoler* soi-même après le passage de cette tourbe.

Ah! ces dix-huit heures de chemin de fer entre Alger et Constantine, ce wagon de première transformé en voiture de restaurant, ces relents de charcuteries, de gelées de viande et d'écorces de mandarines mêlés au poivre violent des fourrures des femmes et aux odeurs de cuir des valises, et ce ménage de photographes amateurs en ébullition à chaque nouveau point de vue, toujours sursautant, tressautant sur sa banquette et, sous prétexte d'instantanés, vous piétinant tyranniquement les orteils, et, plus désastreux encore que ce couple, le monsieur qui fait son sixième voyage d'Algérie, l'inévitable monsieur de tous les paquebots et de tous les compartiments, qui fort de son expérience, veut vous imposer ses itinéraires et ses hôtels! De trois à six, l'horripilation devient telle qu'on en arrive à des souhaits coupables, à d'homicides désirs de déraillement.

Mais l'air fraîchit. Nous courons maintenant sur les hauts plateaux. Nous courons... c'est une façon de dire, car rien ne peut donner une idée en France de la lenteur des chemins de fer algériens. Chaque voyageur de coin a relevé son vasistas et, enfoui sous ses couvertures, regarde s'allumer à l'horizon la féerie, la féerie du crépuscule, car le soir descend, et avec lui s'allument les mirages et les indescriptibles ciels de là-bas.

Des montagnes apparaissent, d'un gris bleu de pétales d'iris et d'ailes de papillons; c'est à la fois de la moire et de la nacre, et cela sur des ciels d'or malade, de cuivre rouge et de turquoise verte, où neigent tour à tour des braises incandescentes, des flocons d'ouate rose et de lentes fleurs de pêchers : les nuances les plus invraisemblablement douces, les couleurs les plus ardentes se fondent d'un horizon à l'autre au-dessus des roches devenues d'une transparence d'opale ; les premiers plans apparaissent de cendre; les derniers semblent fleuris de chimériques bruyères, tout roses dans la flamme du couchant; et ces paysages de désolation et de misère rutilent d'une inconnue splendeur de rêve dans l'ombre violacée du soir.

Mais le froid augmente, on apporte les bouillottes, un va-et-vient d'employés indigènes s'agite confusément dans la gare obscure. C'est la nuit; dans six autres heures, nous serons à Constantine, et nous avons quitté Alger à cinq heures du matin.

Nous nous accotons pour essayer de dormir : sur la trame noire des ténèbres, la silhouette épique d'un laboureur kabyle, apparu il y a deux heures, un peu avant Sétif, se dresse despotique et, malgré moi, m'obsède et me poursuit. Avec sa charrue primitive, demeurée celle du temps de Cincinnatus, profilait-il assez fièrement sa courte face de bandit sur la rougeur dévastatrice du ciel! C'était une vision d'il y a trois mille ans ; et, tout entier à la mélancolie du passé, tout au charme triste de cette race aux attitudes bibliques et conservée si pure malgré notre civilisation moderne, je me remémore des scènes de l'Ancien Testament et ne regrette, ni Paris, ni le boulevard.

CONSTANTINE

C'est le réveil dans le froid et le brouillard ; les fenêtres de ma chambre, étamées par le gel, donnent sur une grande place, déjà toute boueuse sous le piétinement de la foule. Une tourbe déguenillée d'Arabes en burnous y grouille presque fantomale dans un halo de vapeur et de rêve ; de la brume s'effiloche autour de leurs chechias enturbannées de linge, et des nuées blanchâtres barrent à mi-hauteur les maisons de la ville, dérobant aux yeux l'horizon qu'on affirme splendide. Une humidité glaciale pénètre et vous fige les moelles, une odeur fétide d'Arabes et de haillons vous saisit à la gorge; c'est la corruption des oripeaux de l'Orient dans le *fog* et le spleen d'un de nos mornes matins d'hiver.

Une vague musique militaire arrive comme par bouffées jusqu'aux fenêtres de l'hôtel, la musique du 3° zouaves jouant sur la place de la Division de huit à neuf, avant la messe : c'est dimanche.

Un groupe de turcos, la seule tache gaie dans cette foule minable, stationne au coin de la place : indigènes et tirailleurs se bousculent avec des rires simiesques autour des petits verres d'alcool d'une misérable buvette; des robes de soie et des fourrures, des femmes de fonctionnaires et d'officiers se hâtent avec des mines composées vers la proche église : toilettes en retard d'un an, manchons poilus et boas érupés de dames de paroisse, des familles entières défilent, des livres de messe sous le bras : c'est dimanche.

Grelottant et l'estomac crispé, courbaturé par les dix-huit heures de wagon de la veille, je cours au plus prochain bain maure m'étendre sur la pierre chaude pour m'y faire savonner, masser et, une fois la réaction faite, y faire la sieste, si possible, y réparer cette éreintante nuit passée à boire du thé et de l'éther.

Le chasseur de l'hôtel veut bien m'indiquer dans une ruelle voisine le hammam adopté par les officiers de la garnison ; je le reconnaîtrai à son porche de faïence émaillée et à ses colonnettes de ciment

Si je pouvais y dormir !

Ces masseurs indigènes sont étonnants. Je suis entré au bain à neuf heures, il est dix heures et demie, et c'est rajeuni de dix ans que je retraverse le porche émaillé du hammam, où j'ai laissé, comme un fardeau trop lourd, ma fatigue et ma courbature.

La première chose que j'ai faite en quittant le bain, ç'a été de tourner à droite au lieu d'à gauche et de m'égarer. J'erre maintenant par des rues obscures et puantes, des rues voûtées aboutissant à chaque pas à d'équivoques impasses, à de sordides culs-de-sac, dont l'horreur m'avait été jusqu'ici épargnée. Les plus ignobles ruelles de la Kasbah d'Alger ne sont rien auprès de ce vieux Constantine. Et de quels détritus peut bien être faite la boue grasse, où mon pied enfonce et glisse ? Et la hideur des étalages, donc !

Des quartiers de viande noire sèchent pendus à des croix de fer à côté d'échopes bondées d'étoffes et de soieries éclatantes; des boutiques de beignets et d'horribles gâteaux arabes, des espèces d'échaudés informes et mollasses saupoudrés de cannelle, mêlent d'écœurantes fadeurs de friture aux senteurs de poivre et de muscade de gros marchands mozabites; car ils sont là comme partout, installés dans les plus confortables échopes, les instinctifs commerçants de cette race, les gras Mozabites au nez court, à la large face épanouie. Ils sont là campés sur leurs gros mollets velus, et d'une voix gazouillante et câline débitent aux clients leurs épices entre un ciseleur de cuivre et un brodeur de maroquin assis, les jambes croisées, presque sous l'auvent de leur étal. Dans des tanières, qui sont des cafés maures, des tas de guenilles, d'où émergent des profils de jeunes boucs et de vieux dromadaires; autant de consommateurs indigènes accroupis. Cela sent la vermine et la misère, et sur toutes ces formes haillonneuses un clair-obscur, digne de Rembrandt, verse à la fois les ombres et les lueurs d'une scène de sorcellerie; puis tout à coup le pavé cesse, on baigne jusqu'aux chevilles dans des flaques de boue; les rues ont fait place à des porches de prisons, à de longs couloirs en voûtes, et, tapis, embusqués dans les recoins les plus sombres, de louches mendiants, qui sont des marchands de choses sans nom, vous hèlent, vous harcèlent et vous happent au passage avec leurs maigres bras nus. Dans la rue, une foule repoussante et bigarrée de *muchachos*, de nègres et de juives énormes coiffées de foulards de nuances éclatantes!

Oh! ces juives de Constantine avec leurs yeux chassieux, leurs faces de graisse blafarde sous le serre-tête noir, le serre-tête apparu, comme une tare, sous le chatoiement des soies changeantes, et la hideur des seins flasques et tombants sur le ballonnement des ventres! Dans toutes les boutiques, des têtes rusées à l'œil oblique, des têtes sémites enturbannées ou coiffées de chechias, vous donnent partout, où que vous regardiez, l'obsession et l'horreur du juif. Cela tient à la fois du malaise et du cauchemar : le juif se multiplie comme dans la Bible, il apparaît partout, dans la lucarne ronde des étages supérieurs comme dans l'échope à niveau de la rue; et partout, sous le cafetan de soie verte comme sous la veste de moire jaune, c'est l'œil métallique et le mince sourire déjà vus dans le *Peseur d'or*. Chose étrange dans cette race, quand la bouche n'est pas avare, elle est bestiale, et, sous le nez en bec d'oiseau de proie, c'est la fente étroite d'une tirelire ou la lippe épaisse et tuméfiée d'un baiser de luxure.

Le ghetto ne devait pas être plus hideux jadis dans l'ancien Venise; je sors de ce dédale de ruelles et d'impasses écœuré, anéanti; mais j'en sors enfin.

En arrivant sur la place, j'y trouve un spectacle admirable. Le brouillard s'est levé, il se lève encore : le merveilleux panorama de la vallée du Rummel apparaît baigné de soleil; des flocons blanchâtres traînent bien encore à mi-hauteur des montagnes; ce sont comme de longues bandes de brume horizontalement tendues dans l'espace, et des coins entiers de paysage luisent dans l'écartement des vapeurs, à des hauteurs invraisemblables, comme détachés en plein ciel.

Au milieu de cette mer de brouillard, Constantine et son chemin de ville, taillé à même le roc, se dressent et se découpent, tel un énorme nid d'aigle.

Nid d'aigle imprenable, repaire d'aventuriers et de forbans, dont l'assaut demeuré légendaire est peut-être le plus beau fait d'armes de l'histoire de la conquête! Constantine avec son enceinte naturelle de vertigineuses falaises et le gouffre béant de ses fossés perpétuellement assourdis par le fracas du Rummel.

Le Rummel! Il faut être descendu dans le lit du torrent pour pouvoir se faire une idée de cette horreur farouche et grandiose, de ces eaux jaunes et comme sulfureuses roulant un continuel tonnerre dans l'étranglement de ce couloir de roches. Hautes et verticales comme des murailles, on pourrait se croire dans le fossé de quelque forteresse de rêve, de celles que la fougue d'imagination d'Hugo a évoquées dans d'épiques dessins.

A droite, c'est la ville, Constantine, dont les toits de casernes pointent au-dessus de l'abîme; à gauche, c'est la falaise du chemin de la Corniche, dont les parapets de ciment courent à une hauteur prodigieuse à mi-flanc des rochers. Deux arches naturelles d'une pierre rougeâtre et comme craquelée relient les deux parois du couloir entre elles et forment une voûte géante, une sorte de crypte obscure, au-dessous de laquelle le Rummel, qui gronde, ressemble à un fleuve souterrain, à quelque Averne arabe enfermé dans la nuit d'une grotte infernale.

Et sur tout ce décor d'horreur et de vertige, sur ce gouffre de pierre pareil à une blessure, tout de crevasses et de déchirements, on ne sait quelle rougeur suintante impose l'idée de crime, de suicide et de sang. Ah! ce Rummel! Comment pouvoir y plonger le regard sans évoquer aussitôt toutes les vies humaines qui s'y sont englouties? Aventuriers hardis grimpant par les nuits noires aux crêtes de la roche et tentant quelque coup de surprise sur la ville imprenable, condamnés coupables et condamnés innocents, Mauresques adultères, esclaves de harem, cousues dans un sac et jetées dans l'abîme sur un signe du maître, et les cadavres aux yeux hagards des fous d'amour et des désespérés, combien ont tournoyé dans ce vide, les mains battant l'air et le cri d'agonie étranglé dans la gorge! Et les beaux corps souples aux aisselles épilées, à la peau douce blêmie par les aromates, et les bras musculeux et les poitrines velues s'y sont tous également écrasés. Et la légende du dernier dey, du cruel El-Hady-Ahmed, celui qui faisait coudre la bouche de ses femmes et hachait, par plaisir, à coups de sabre les corps ligottés de ses esclaves, ajoute encore à l'épouvante quasi sacrée de ces gorges, où son affreux souvenir plane comme un vautour.

Le dey de Constantine! Dans la roche à pic au-dessus de laquelle apparaît la ville, on vous montre un trou presque invisible à première vue, creusé au ras même des remparts. De loin, c'est un rond noir, curieusement placé juste entre deux palmiers se profilant, tels deux mains ouvertes, sur le ciel implacablement bleu. C'est le trou par lequel le capricieux El-Hady-Ahmed faisait jeter, cousues dans le sac des exécutions sommaires, les femmes de son harem qui ne lui disaient plus.

Et dire qu'à ce gredin, qui méritait pour tombe le ventre des *charognards*, nous avons fait des rentes! Il est mort en les mangeant dans sa villa d'Alger, sous le ciel limpide, devant la mer éternellement tiède, et son corps repose à l'ombre d'une mosquée, dans un terrain bénit.

Mais le couloir de falaises s'élargit, l'eau fangeuse écume, s'éclabousse d'argent, court, se précipite et, devant une immense échappée lumineuse, disparaît brusquement dans un formidable bruit d'enclume; c'est la cascade. Un autre abîme est là, mais alors en pleine échappée sur le plus merveilleux paysage : nous avons devant nous la vallée du pont d'Aumale. Fertile, toute en culture et semée de villages, elle s'étend à perte de vue et monte insensiblement, çà et là soulevée au pied de molles et vertes collines qui ne sont que les lointains contreforts de superbes et hautes montagnes. Leur chaîne emplit tout l'horizon, et la campagne avec ses petits villages semés par places dans des replis de terrain, ces premiers et ces deuxièmes plans de colorations différentes, ces routes en lacets et le serpenteau du Rummel luisant au fond de la vallée, apparaît comme un vaste panorama.

Pendant qu'à nos pieds fuient à une profondeur inimaginable des lieues et des lieues de pays, à des centaines de mètres au-dessus de nous Constantine se profile fièrement à la crête de ses falaises. Nous sortons du lit du Rummel et regagnons lentement la ville à la suite d'âniers arabes poussant devant eux leurs bourricots. Sous les arches ruinées d'un petit village de mégissiers aux terrasses couvertes de peaux, nous nous arrêtons un moment pour reprendre haleine. On entend toujours le Rummel gronder et mugir. Une curiosité nous penche au-dessus des parapets croulants; nous dominons justement le gué des Arabes, cinq ou six grosses pierres rondes et une passerelle de bois jetée à quelques mètres de la grande cascade, à l'endroit le plus profond. L'écume du torrent balaie par saccades la fragile passerelle. Trois Biskris noirs comme des grillons traversent en ce moment le gué, leurs chaussures à la main, leurs maigres cuisses nues fantasquement apparues sous leur burnous, retroussé jusqu'au nombril.

LA VILLE DES TANNEURS

Pour le Docteur Samuel Pozzi.

Nous contournons, de l'autre côté même des gorges du Rummel, la formidable enceinte, toute de roches et de falaises, de la hautaine Constantine ; le pont du chemin de fer d'une arche vertigineusement hardie nous a mis hors de la ville. L'abîme en entonnoir du torrent tourne et serpente au pied du vieux repaire des deys, et, de l'autre côté du vide, aux toits de casernes et aux hautes maisons à cinq étages, faisant face à la vallée d'Aumale, a succédé une agglomération de petites terrasses, de murs croulants, d'escaliers et de hangars, le tout roussi, couleur de tan, dévalant comme un troupeau de chèvres au-dessus d'un gouffre ignoble d'aspect et de puanteur.

Ce goufre immonde, c'est le Rummel devenu, au pied du quartier des peaussiers, l'égout de leurs eaux et de leurs détritus. Les escaliers branlants, les toits et les terrasses s'étageant au-dessus du torrent, c'est la ville des Tanneurs.

Ce Rummel, qui tout à l'heure encore roulait avec un bruit d'enclume dans le grandiose et le clair-obscur de gorges presque infernales, le voici maintenant sur une distance d'au moins un kilomètre, du pont du chemin de fer au pont du Diable, devenu sentine et cloaque, et quel cloaque !.. une sentine infâme, étranglée entre deux falaises à pic, dont l'une, rempart naturel de Constantine, étaie maintenant une ville obscène et malade, une ville de peste et de malaria pourrissant là, dans d'innomables fétidités, au-dessus de roches contaminées : des roches elles-mêmes putrescentes et chancreuses, se crevassant en fissures sinistres, en fistules atroces, quelque chose comme une gigantesque pièce anatomique du musée Dupuytren, un paysage retouché par Ricord, où jusqu'aux rares palmiers, poussés là dans les traînées d'un brun équivoque et jaunâtre, ont des aspects d'excroissances bizarres, mûres pour le thermocautère ou le bistouri du chirurgien.

Au-dessus de ce gouffre ordureux, béant comme je ne sais quel effroyable sexe, planent et tournoient de lents vols de vautours. Tout Constantine se vide dans cette partie du Rummel; l'éternelle pourriture de la ville arabe y coule et y suinte par toutes les fentes du rocher; et, attirés par cette pourriture, les *charognards* (tel est le nom sinistre qu'on donne ici aux vautours) attristent de leurs longs cris plaintifs l'étroit couloir de falaises, où l'ébouriffement de leurs ventres argentés évoque au crépuscule l'idée d'oiseaux-fantômes, de vautours de limbes, surveillés de loin, du haut des toits de la ville, par la silhouette immobile des cigognes.

Tant de puanteurs et tant de larges ailes tournoyantes dans l'air! On songe malgré soi aux lugubres oiseaux du lac Stymphale, à d'épiques légendes de peste et de charnier, à des visions féeriques et fabuleuses comme en peignit Gustave Moreau, et cela dans le décor rocailleux et terrible que nous offrent ici même les gorges, où tant d'infâmes relents montant en bouffées chaudes justifient si bien le nom de Constant-sentine, donné par un loustic à l'ancienne ville des deys.

A mi flanc de la roche, au-dessus d'un remblai de gazon, notre cocher appelle notre attention sur un trou plus ignoble encore. C'est, dans l'herbe courte du talus, un répugnant amas de loques et de vieux os, d'anciennes boîtes à sardines, de bidons à pétrole et de chiffons sordides, quelque chose comme l'entrée de la grotte du sphinx, mais d'un sphinx de banlieue, peint par Raffaëli.

C'est la retraite d'un marabout fameux, très honoré des Arabes qui le nourrissent... et le vont consulter par des chemins qui feraient peur à des chèvres. Toutes les ordures entre-

vues sont à la fois le mobilier, la garde-robe et
la desserte du vieux prophète. Il vit là, dans ce
cul-de-basse-fosse, sous les déjections suintantes de la ville indigène, les pieds dans le
gouffre. Il vit, si cela est vivre, des aumônes
et de la piété de la population de la plus sale de
toutes les villes de la province. Sur un ciel gris
de fer, que le couchant décompose et qui, par
places, s'ensanglante et verdit comme une plaie,
les terrasses de la ville montent et s'estompent
en noir avec la silhouette plus grêle des cigognes. Dans le Rummel envahi d'ombre,
l'envolement des vautours flotte plus indistinct; comme une forme s'ébauche de l'autre
côté du gouffre, à l'entrée de la grotte du marabout. Je songe malgré moi à mes lectures de
Gustave Flaubert : des souvenirs de *Salammbô*
me hantent, celui des mangeurs de choses
immondes se précise entre tous; et je regagne
la ville française, écœuré et pourtant charmé
d'avoir touché de si près, à travers tant de
siècles, les mœurs abolies des antiques Carthages.

LA RUE DES ÉCHELLES

Des ronflements de derbouka, des bruissements de soie et de moire, des jurons français, des rires gutturaux, espagnols ou maltais, et des mélopées arabes, des blancheurs de burnous et des étincellements d'uniformes, des odeurs de friture et d'essence de rose, des coins pleins d'ombre et des angles de rue inondés de lumière, un cliquetis de sabres et de molettes d'éperons sur des bruits de portes qu'on ferme et, derrière des judas grillés, des femmes immobiles et fardées apparues sous des voiles; une indéfinissable atmosphère de musc, de gingembre et d'alcool, empestant à la fois le suint et le drap de soldat, une rumeur incessante de voix et de pas, les bousculades et les attroupements d'une foule en fête, et, sur toutes ces silhouettes tour à tour éclairées et obscures, le bain de vif-argent d'une nuit lunaire et bleue, la fantasmagorie d'un ciel roulant un disque de nacre dans de translucides profondeurs de saphir; la rue des

Echelles, la rue des Filles et de la Prostitution à neuf heures du soir, dans le vieux Constantine.

Oh ! cette rue des Échelles, son pittoresque et son grouillement sous les traînées lumineuses de ses cafés maures ! Comme nous voilà loin de la tristesse et du silence de la Kasbah d'Alger, si déserte et si noire dès huit heures du soir, si fantomalement blême dans le mutisme menaçant et le morne abandon de ses rues étranglées. Ici ce sont des allées et venues continuelles d'Arabes, de zouaves permissionnaires, de turcos et de spahis drapés dans de longs burnous. Voici trois indigènes qui s'avancent, lentement, en se tenant par la main, l'air de grands enfants égarés dans une ville de joie. Leur gravité souriante, leur haute stature, leur démarche calme font songer à la promenade à travers quelque Bagdad de rêve de trois princes des *Mille et une Nuits*. De chaque côté de l'étroite rue en pente, des échopes de *friterias* et de marchands de beignets empestent auprès des cafés arabes aux consommateurs débordant en dehors, vautrés et couchés en tas sur des bancs ; puis ce sont des attroupements de soldats devant des buvettes maltaises, des maisons de filles et des bains maures, le tout aggloméré sur un très court espace, dans la petite rue dévalant dans le noir avec une rapidité de torrent. Une incessante galopade d'uniformes la traverse; tous les quartiers de cavalerie, toutes les casernes de Constantine sont là ripaillant, fumant et cherchant de la femme. De larges judas grillés se découpent en clartés dans le bronze résistant de petites portes basses; dans la lumière, des filles apparaissent groupées, échelonnées dans des costumes de couleurs vives, en travers des marches d'étroits escaliers; des cours mauresques blanchies à la chaux, une chaux teintée de bleu qui met comme un éternel clair de lune, s'enfoncent sous de vagues colonnades; comme une illusion de palais de songe flotte à travers ces patios entrevus; des brûle-parfums fument à l'entrée.

Les filles, pour la plupart avachies et très grosses, sont assez jeunes pourtant; presque toutes juives, elles ont, malgré leur maquillage trop rose, leurs lèvres épaisses et leurs sourcils artificiellement rejoints, un certain charme mystérieux d'idoles. Les foulards lamés d'argent et les oripeaux verts et mauves brillants de clinquant, dont elles sont affublées, ajoutent au prestige du décor, et puis leur air d'indolence passive est bien celui qu'on prête aux houris des paradis de l'Islam. Quelques-unes sont coiffées en *Ouled-Naïls* avec de grosses chaînes d'or leur barrant le front; de lourdes tresses de crin noir bouffent autour de leur grosse face pâle, du rouge s'écrase à leurs pommettes, et leurs mains tatouées, ensanglantées de henné, sollicitent le passant avec une grâce inquiétante et simiesque. Des Arabes s'arrêtent devant les judas; ils regardent, se consultent et vont promener plus loin leur curiosité somnolente; en somme, beaucoup de curieux et peu de clients. Si les lourdes portes de bronze s'entr'ouvrent, c'est devant quelques soldats de la garnison; mais uniformes et burnous se hâtent surtout vers le bas de la rue, dans la partie qui longe le ravin, où la prostitution espagnole et française raccroche effrontément debout sur le seuil de la *cella* de la courtisane antique.

Néanmoins la foule augmente; un bruit d'armée en marche monte entre les maisons; des bouffées d'aromates s'échappent des bains maures; une patrouille de tirailleurs, faces courtes de fauves aux yeux rieurs et blancs, prend son *kaoua*, arme au pied, disséminée sur les nattes de deux cafés voisins. Une espèce d'arche jetée sur la rue et en reliant les deux côtés l'un à l'autre laisse voir dans une baie lumineuse des Arabes accroupis. Cette arche est un café maure. Par où y monte-t-on ? Mystère ! Les burnous et les turbans apparaissent suspendus dans le vide, comme dans un décor de théâtre ; la rue grouillante et piquée de lumières s'enfonce par dessous ; au-dessus, c'est le ciel nocturne baigné de lueurs coupantes comme d'acier bleu ; à l'horizon, la silhouette des montages de Constantine.

Un attroupement d'indigènes nous arrête devant un café où des derboukas bourdonnent, des flûtes glapissent ; une mélopée gémit, aiguë et monotone jusqu'à l'écœurement. L'établissement est bondé d'Arabes. Deux êtres exsangues, aux yeux tirés et morts, aux souplesses de couleuvre, deux danseurs kabyles y miment des déhanchements infâmes ; leur sveltesse, extraordinairement creusée aux reins, s'y cambre dans des flottements de gaze et de tulle lamé, tels en portent les femmes. Leurs bras grêles se tordent en appels désespérés, presque convulsifs, au-dessus de leurs faces immobiles ; leurs yeux sont peints, peintes leurs joues tatouées, et de courts frissons les secouent de la tête aux pieds, comme une décharge de pile électrique. Les assistants, les prunelles allumées, frappent en cadence dans la paume de leurs mains, tandis qu'un des danseurs lance un long cri de hyène et que redouble, plus assourdissant encore, le bruit des tamtams et des flûtes : c'est un café de fumeurs de *kief*.

EL-KANTARA

A Georges Clairin.

Une immense, une haute muraille de schiste rose, d'un rose de terre cuite, mais une vraie muraille bien verticale et faisant angle droit avec le sol : elle a quelques vingtaines de lieues et court à perte de vue à travers le pays. Une étroite entaille la coupe, l'entaille d'une épée de géant qui l'aurait fendue de haut en bas, c'est El-Kantara ou la porte du désert.

Notre auberge, un rez-de-chaussée de cinq

fenêtres, l'hôtel Bertrand, est au pied de cette muraille. En face, ce sont les bâtiments de la gendarmerie, et c'est tout le village français avec un four de boulanger et la maison du chef de gare; et l'ombre de l'immense montagne rose pèse tout entière sur ces quelques logis et ce serait l'absolu silence sans le grondement d'un torrent, qui roule derrière l'auberge entre un cordon de lauriers-roses et de palmiers poudreux.

Le torrent se précipite en longeant la route vers l'étroite entaille ouverte, comme une brèche de lumière sur le ciel; car, une fois la brèche dépassée, ce sont, pareilles à une mer figée, de vastes et mornes étendues d'un gris rose, des lieues et des lieues de pierres et de sables, avec à l'horizon d'autres chaînes de montagnes d'un rose de tuiles rongées par le soleil : c'est le Désert.

Ici finit l'Aurès; le Sahara commence.

Une tache d'un vert pâle s'étend de chaque côté du torrent, piquée çà et là de carrés jaunâtres : cette tache est l'oasis même, un oasis de soixante-cinq mille palmiers verdoyant tristement à l'entrée du Désert; les carrés de pisé jaunâtre sont les habitations arabes. Comme accroupies au ras du sol dans la torpeur étouffante d'un ciel blanc, quand un véritable vent de mer venu d'on ne sait où n'y souffle pas en bourrasque, elles sont d'une saleté et d'une puanteur repoussantes : village morne et poussiéreux avec, au coin des ruelles désertes, des amoncellements de haillons qui sont des indigènes lézardant au soleil. Encapuchonnés de burnous de la couleur du sol, ce qu'on voit de leurs jambes velues, de leurs bras et de leurs figures tannées est du vert culotté de l'olive ou du brun goudronneux du poil de chameau. Il y a de la momie dans leur attitude et leurs faces de terre ; sans l'émail blanc de leur profonds yeux noirs, on croirait à des tas de morts desséchés. Immobiles, ils tournent à peine la tête pour nous suivre au passage, d'un regard accablé ; ils ne mendient même pas, et, devant cette détresse et cette indifférence, nous avons l'impression, par ces ruelles aveuglantes, d'une visite au pays du Désespoir.

El-Kantara, l'oasis entre toutes célébrée, renommée par les peintres! J'y pressens, moi, un immense montage de cou. Le palmier lui-même y est une déception ; il y pousse par groupes de soixante à trois cents, clôturés de petits murs de terre et de galets pour la plupart effrités et croulants, et fait ainsi de la légendaire forêt de dattiers qu'on s'imagine un vaste échiquier de petites cultures privées, une véritable entreprise de maraîchers arabes, quelque chose comme un Argenteuil du Sahara dont le palmier serait l'asperge.

Le pays n'en a pas moins un grand succès auprès des manieurs de pinceaux qui prétendent trouver à El-Kantara des colorations extraordinaires; mais j'ai beau faire, mon enthousiasme demeure récalcitrant. Devant ce pays mort, comme enlisé dans ces sables, je ne ressens que plus désespérément le regret de l'ancien El-Kantara dont notre guide en capuchon nous raconte les splendeurs : l'El-Kantara d'avant la conquête, les progrès de la civilisation, les grandes routes et le chemin de fer, quand El-Kantara était vraiment la porte du désert, la porte d'or ouverte aux nomades du Sahara sur les villes et les marchés de l'Aurès, et que l'interminable défilé des caravanes s'acheminait lentement à travers les sables, les yeux fixés sur la grande muraille de schiste rose avec, à ses pieds, l'oasis et ses palmiers.

L'El-Kantara des caravanes !... Nous en visitons justement l'ancien caravansérail. Il tombe en ruines, et rien de plus triste que sa vaste cour à l'abandon entre quatre hautes murailles percées de meurtrières, à l'entrée d'une plaine de galets d'où nous dominons le village. Un vent brûlant et âpre y fait rage, qui nous coupe la face et nous met un goût de sel aux lèvres ; et nous demeurons là, navrés, au milieu de ces ruines, avec dans les mains de pauvres petites roses de Jéricho ramassées dans la pierraille, et dans l'âme toute la détresse infinie des solitudes.

Mais un spectacle imprévu nous attend au retour.

Le ciel s'est tout à coup éclairci, balayé par le vent, et dans un coup de soleil le village arabe nous apparaît maintenant d'une netteté merveilleuse, détaché en pleine lumière sur la haute muraille de schiste rose, devenue fleur de pêcher.

C'est une vision d'une délicatesse inouïe, où la solidité des choses s'évapore pour ainsi dire en nuances et en transparences : les contours seuls demeurent précis. Et c'est au bord du torrent, tout à coup élargi et devenu rivière, une suite de jardins féeriques, de bouquets de palmiers aux panaches d'or pâle ombrageant des dômes et des terrasses. Des minarets s'élancent au-dessus de coupoles d'un blond fauve ; toutes ces laides constructions de pisé jaunâtre semblent à présent des cubes d'ambre clair ; le torrent roule des eaux de turquoise. C'est bien l'oasis rêvée des fumeurs de kief, la halte paradisiaque d'eaux vives et de frais ombrages promise aux croyants par le Prophète. Le hameau lui-même est devenu une ville immense, une ville de kalifes au bord d'un grand fleuve d'Asie, Damas ou Bagdad ; au-dessus, la haute muraille de falaises roses miroite et resplendit, moirée par places d'ombres mauves..... et c'était tout à l'heure un pauvre village berbère. Un rayon de soleil a suffi pour tout magnifier ; c'est un mirage, mais nous sommes, il est vrai, au désert.

Vision délicieuse, mais éphémère, hélas ! qui déjà s'atténue et, à chacun de nos pas en avant devient fumée et disparaît, paysage d'Afrique, terre des illusions qu'il faut voir de loin.

Un joli coin pourtant en rentrant au village : une fontaine pierreuse au tournant de la route avec tout un groupe de lavandières indigènes en train d'y tremper leurs loques. Une bande de petites sauvagesses enturbannées, d'énormes anneaux d'argent brut aux oreilles, des bracelets aux bras et aux chevilles, y dansent, haut troussées jusques aux cuisses, une espèce de pas de Salomé d'une grâce primitive et simiesque. Debout sur de grosses pierres plates, leur linge à laver étendu sous leurs pieds, elles détachent, avec un joli balancement du corps, un coup de jarret à droite, un coup de jarret à gauche, et piétinent en cadence, leur fine nudité inconsciemment offerte, à la fois souriantes et farouches, enjoaillées comme de jeunes idoles.

Oh! ces grands yeux veloutés et hardis, presque d'animal, dans ces faces mordorées et rondes, le sourire à dents blanches, étincelantes, aiguës, de ces petites femmes fauves, car les petites filles y sont charmantes, mais que dire des femmes? Esquintées par les maternités et les basses besognes qui sont leur part dans la vie arabe, la poitrine et le ventre déformés, les seins ballants, fluents comme des poires blettes, le front tatoué de cercles et d'étoiles, les femmes sont hideuses, —

hideuses à vingt-cinq ans! Elles se traînent, les jambes ignoblement écarquillées, sous un tas bariolé de vieilles loques; des lambeaux d'étoffes éclatantes et fanées pendent lamentablement autour d'elles, et le violent maquillage des peuplades nomades aggrave encore leur laideur. Leurs paupières éraillées et crayonnées de kohl leur font à toutes des yeux capotés et bleuis de vieilles gardes. Ces chairs flasques, ces paupières azurées et ces profils en somme très purs, j'ai déjà vu cela quelque part, mais très loin d'ici, en pleine civilisation, sinon pourrie, du moins très faisandée, à des centaines et des centaines de lieues de ce coin sauvage et primitif. Où cela? Je me rappelle maintenant : à Montmartre, dans certaines tables d'hôte de femmes, où il fut quelque temps de mode d'aller s'asseoir à l'heure du dîner, et des noms de belles en vogue sous l'Empire me montent aux lèvres : Fanny Signoret, Esther Guimont, des morphinomanes aussi, Clotilde Charvet, les sœurs Drouard. Le linge, rincé et avec quels procédés sommaires, toute cette femellerie indigène le charge sur ses épaules; la provision d'eau pour le ménage recueillie dans des outres s'ajoute par-dessus, accrochée par des cordes, et toutes, femmes et enfants, l'échine pliée sous le faix, regagnent le logis par les ruelles ensoleillées et puantes.

El-Kantara, porte du Désert !

THIMGAD

Quel opprimant cauchemar! Je m'éveille moulu dans ma petite chambre ensoleillée de l'hôtel Bertrand; le grondement du torrent, qui coule sous ma fenêtre, et le vert glauque des lauriers-roses en fleurs m'accueillent et me rassurent au seuil du réel; je saute à bas du lit, je cours à la croisée et l'ouvre toute grande sur le ravin. C'est l'air embaumé de la plus belle matinée, le frais de l'eau courante et le grand mur de schiste rose tout micacé de lumière sur le profond ciel bleu; j'aspire l'air à pleins poumons : c'est la sensation du naufragé arraché au gouffre, car j'avais glissé dans d'étranges ténèbres.

Rêve poignant, décevant, bizarre! D'où sortaient ces tronçons de portiques, ces longs fûts de colonnes? Pourquoi errais-je en ces décombres? et ces vieilles statues mutilées, ces socles dans le sable, comme il y en avait, mon Dieu! Où donc avais-je déjà vu cette ville de ruines? Et pas une herbe, pas un lierre... du sable et du sable partout; c'était une étrange solitude... Et quel silence! pas un oiseau dans l'air! Oh! cette ville morte transparente de lune, où l'avais-je déjà rencontrée, endormie dans la cendre vaporeuse du désert? Je reconnaissais cette voie sacrée aux larges dalles de marbre. Herculanum ou Pompéies; j'avais déjà aimé ailleurs les reflets d'eau et les moires de ces plaques de porphyre. Et tout à coup des formes s'ébauchaient dans les mouvantes ténèbres, la nuit s'emplissait de frôlements de voiles et c'étaient, mitrées comme des prêtresses hindoues et de flottantes gazes, telles des ailes de phalènes, autour d'elles déployées, c'étaient de sardoniques figures de femmes : comme un ballet ironique et cruel de menaçantes Salomés. Des joyaux verdâtres tintaient à leurs chevilles, perlaient en larmes pâles au creux de leurs seins nus et, sous la lune apparue tout à coup énorme au-dessus des colonnades des temples, leurs tuniques soulevées entre leurs doigts menus s'allumaient, tour à tour obscures et bleuissantes ; et sous leurs pas muets la ville renaissait lentement. C'étaient des propylées, des terrasses de palais tout à coup érigées aux sommets des collines, et des arcs de triomphe se dressaient maintenant à l'extrémité des voies antiques; mais la ville demeurait déserte. Les Salomés phosphorescentes seules l'emplissaient, sorcières ou vampires, effroi des chameliers traversant le désert, et dont les méfaits racontés le soir à l'abri des *fondoucks* enchantent la veillée des caravanes.

Et maintenant je me souvenais. Ces ruines évoquées, ressuscitées en rêve, c'étaient celles de Thimgad : Thimgad, la Pompéies du désert, que nous avions brûlée à notre passage, rebutés par les quinze lieues, trente lieues aller et retour, à faire à cheval, parmi les sables et la nuit à passer à Batna ; Thimgad dont le regret nous obsédait maintenant depuis que ce peintre, rencontré à l'auberge et avec lequel nous avions dîné la veille, nous en avait fait de si merveilleux récits.

Des photogravures de l'Algérie artistique, des épreuves hors pair de Gervais Courtellemont, naguère admirées dans son atelier d'Alger, nous étaient revenues à la mémoire et, pendant que notre interlocuteur précisait un détail, animait d'une observation *de visu* le vague un peu fantomnal de nos souvenirs, la Pompéies du Sahara s'était peu à peu reconstituée dans mon cerveau visionnaire avec ses architectures d'apothéose, ses voies triomphales et les colonnades en terrasses de ses temples; et c'est Thimgad, joyau des civilisations disparues, maintenant enlisé dans les sables, dont le reflet avait toute la nuit hanté mon rêve; Thimgad, la ville romaine ensevelie dans la cendre mouvante et chaude des solitudes, comme jadis la vieille cité du roi Gralon dans les vagues de la mer; Thimgad, la ville d'Ys du désert.

Charme mystérieux des légendes contradictoires, antithèses de la tradition! Si les masses liquides de l'Océan avaient, rompant les digues, envahi la cité celtique, les eaux avaient abandonné la Pompéies africaine, les sources s'y étaient soudain taries, et, devant le vide des piscines et les vasques des fontaines à sec, tout un peuple désespéré et vaincu par la soif avait dû abandonner une colonie hier encore de luxe et de plaisir, tout à coup devenue une cité de détresse, la ville inhabitable !

Thimgad ou la ville de la soif... Et, jaillie avec l'eau d'une source du milieu du désert, le désert l'avait lentement reprise, chassant l'homme et la civilisation des théâtres, des temples, des palais et des bains. Les sables l'avaient peu à peu submergée, nivelant tout comme une marée montante, et si les fouilles des archéologues viennent de l'exhumer, elle n'en demeure pas moins morte sur son linceul de cendre rose, espèce de momie séculaire visitée seulement par les touristes et qu'évitent même les nomades craintifs... Thimgad la mal famée, effroi des caravanes !...

D'ailleurs, toute cette partie de l'Aurès est des moins rassurantes, et, si l'auberge où nous avons dormi fait face à la gendarmerie, ce n'est pas un vain hasard ; la force armée est ici des plus nécessaires pour protéger les voyageurs. El-Kantara possède la plus mauvaise population de toute l'Algérie, c'est elle qui fournit le plus d'accusés aux bancs de la cour d'assises. Ancien repaire de bandits posté à l'entrée même du désert pour y détrousser les caravanes, El-Kantara a été pendant des siècles le mauvais pas de l'Aurès, le défilé sinistre et redouté. Assassins et voleurs de père en fils depuis les époques les plus reculées, les indigènes y ont la rapine dans le sang et tuent sans vergogne Européens et Arabes, autant pour s'en faire gloire que pour dévaliser; la femme d'El-Kantara n'épouse volontiers qu'un homme au moins convaincu de trois meurtres. La veille encore, à table, on ne parlait que du dernier assassinat commis dans le pays, et dans quelles circonstances atroces! L'enfant d'un garde-barrière, un indigène pourtant, surpris en plein jour, à trois cents mètres du village, par trois Arabes de l'oasis même, en l'absence de ses parents; et lequel, d'abord attaché par les pieds et les mains, était, après mûre délibération et quelques tortures préalables, saigné comme un jeune mouton; les parents avaient, à leur retour chez eux, trouvé le cadavre décapité, les membres encore liés sur la table où ces misérables l'avaient martyrisé des heures durant.

Et c'est cette aimable population que nous allons visiter à domicile. Ahmet, notre guide, un Berbère superbe aux yeux caressants, au rire enfantin et l'air si noble sous son burnous de laine brute qu'on dirait un émir, nous a proposé hier soir de nous conduire dans un intérieur arabe.

Il est charmant, cet Ahmet, et d'une si grande distinction avec ses mains fines, soignées, et l'harmonie de ses gestes lents, que nous l'avons hier invité à notre table. Le peintre, qui nous a fait dans la soirée de si belles confidences sur la population d'El-Kantara, prétend qu'Ahmet ne vaut pas mieux que les autres, que c'est simplement un bandit un peu plus civilisé, mais tout aussi rapace, doublé d'un *Kaouët* (fournisseur de tout ce qu'on veut), et qu'il nous saignerait imperturbablement tout en gardant son air digne, s'il n'avait la crainte de l'autorité militaire et devant les yeux la présence constante des gendarmes.

Ce pauvre Ahmet ! Et c'est dans sa famille qu'il veut nous mener, chez son oncle et chez sa mère, où demeurent ses frères, beaux-frères, belles-sœurs et cousins mariés. Mais on frappe trois coups discrets à ma porte, j'ouvre. C'est

Ahmet lui-même avec son grand air calme et doux, son œil profond d'une insistance étrange et son geste caressant qui semble vous envelopper. « Tu es prêt? me dit-il de sa voix chantante; les autres attendent. » Les autres, ce sont ma mère, et les Jules Chéret avec lesquels nous voyageons depuis Alger. Je suis prêt : la guimbarde de l'hôtel nous conduit jusqu'au village; nous la quittons à l'entrée d'une ruelle poudreuse et ensoleillée, nous contournons quelques ruelles plus fraîches à la suite d'Ahmet, il heurte à une petite porte en contrebas du sol, on ouvre : nous sommes arrivés.

C'est une haute et vaste pièce sans fenêtre, d'aspect biblique avec ses larges piliers de pisé. Pas de plancher, de la terre battue ou plutôt piétinée; une autre porte est ouverte sur une cour intérieure, toute baignée de lumière, et cela crée dans la haute pièce où nous sommes une atmosphère de clair-obscur à travers laquelle s'ébauchent moelleusement un four à cuire le pain, d'immenses jarres remplies, les unes d'huile, les autres de grains, avec, à côté, des couffes bondées de dattes; pas de meubles, mais des peaux de chèvre faisant outres suspendues à des trépieds de bois brut, et des nattes pour dormir. Des jeunes femmes pâles, à l'air souffrant, pilent le couscous ou filent de la laine au fuseau; autour d'elles piaille une marmaille turbulente et morveuse; les femmes ont de larges anneaux de cuivre aux oreilles, le front tatoué d'étoiles bleues, et de grands yeux tristes gouachés de khol; ce sont les sœurs et les cousines d'Ahmet; les enfants demi-nus nous entourent en nous demandant des *soldi*.

Par la porte de la cour, on entrevoit dans un bain de soleil le jardin planté de palmiers : les palmiers, le plus clair revenu de la famille; les murs en terre sèche du jardin s'effritent et ne le séparent même plus des enclos voisins; des citronniers et des arbres à cédrats égrènent dans la lumière l'or pâle de leurs beaux fruits. A côté, ce sont des abricotiers en fleurs, tout un floconnement rose, et la grande muraille de schiste d'El-Kantara occupe tout le fond, violacée de grandes ombres sous le soleil du Midi. De tous les côtés monte une puanteur infâme, une odeur âcre et suffocante de charogne et de détritus humains; les jeunes femmes qui nous ont suivis au jardin exalent, elles, sous leurs colliers d'argent et de corail, un relent de chair moite et de poivre; Ahmet, qui nous propose des dattes à emporter, sent, lui, la mandarine et la laine fauve.

Odeurs écœurantes, épicées et musquées, qui sont, paraît-il, le parfum du désert.

TYPES DE BISKRA

à Maurice Bernhardt.

Dans une échope, près du Marché, en sortant de la rue des Ouled-Naïls, de grossiers bijoux kabyles et des objets de sparterie s'étalent jusque sur la chaussée; deux Arabes les surveillent, dont un d'une merveilleuse beauté.

Grand, svelte et d'une pâleur ambrée qui s'échauffe et devient comme transparente au soleil, il a l'air vraiment d'un émir, ce mar-

chand de pacotille, avec sa barbe frisée et
noire, son beau profil aux narines vibrantes et
sa bouche ciselée et dédaigneuse, sa bouche
aux lèvres fines d'un rouge savoureux d'intérieur de fruit. C'est un nomade, le roi de Bou-
Saâda, comme le fait sonner fièrement son
compagnon ; tous deux sont venus à travers le
désert pour vendre leur camelote aux hiverneurs. Tandis que l'associé s'anime et vous
bonimente son étalage avec des gestes de guenon caressante, toute une mimique que ne désavouerait pas un camelot du boulevard, le *roi
de Bou-Saâda*, drapé dans un burnous de soie
d'une blancheur lumineuse, se meut lentement
dans le clair-obscur de la boutique, et, silencieux (car il ne sait ni anglais, ni français), promène autour de lui de longs yeux de gazelle
d'une humidité noire et tout gouachés de
khol.

En sortant du parc Landon, un peu avant
d'entrer dans le village nègre, une forme
accroupie se tient immobile au bord de la
route. Au loin, ce sont de maigres cultures
d'alfa, quelques pâles avoines d'un vert de
jeunes roseaux, le vert anémié de la végétation

d'Europe sous ce ciel accablant, et puis de longues ondulations de sable; le désert couleur d'argile rose, avec çà et là les bouquets de palmiers des oasis les plus proches, les palmiers et leurs fines dentelures, comme découpées à même du bronze vert.

Figée au milieu de la turbulence de la marmaille indigène accrochée à nos pas, la figure accroupie tient, tendu vers d'hypothétiques passants, un infatigable bras nu. D'une maigreur étrange, décharné, et d'une chair si pâle qu'elle en paraît bleuie, ce bras obsède et fait peur; c'est celui de la Misère, et c'est aussi celui de la Faim, mais de la Faim agonisant au soleil, sous le plus beau climat du monde, devant la morne aridité des sables.

Il se développe, ce bras anguleux et fibreux, tel une tige flétrie d'aloès, de dessous un amas de cotonnades bleuâtres où une exsangue et dolente tête se tient penchée et dort.

C'est une poitrinaire, une fille de quinze ans à peine, aujourd'hui sans âge, sans sexe dans son effroyable maigreur, une des Ouled-Naïls les plus en vogue, il y a trois mois encore, de la rue de la prostitution, la plus recherchée certainement des hiverneurs cosmopolites de

Biskra : Nouna, une indigène presque intelligente celle-là, fine d'attaches et de profil, entendant et parlant bien le français, et qui, au mois d'août dernier, venait danser le soir au cercle des officiers, tandis qu'étendus sur les nattes, des lieutenants, de spahis, des capitaines de zouaves demeurés à Biskra, fumaient des cigarettes en songeant un peu mélancoliquement aux camarades partis en congé.

Ce spectre de la phtisie, écroulé dans le poudroiement ensoleillé du chemin, a été une belle fille constellée de sequins, de lourds bijoux d'argent et, comme ses compagnes, coiffée de pesantes nattes bleues enjoaillées de plaques de verre et de métal : dans vingt jours, ce sera une morte.

Sa famille, son père ou son frère ou quelconque (car la mère en ces pays compte peu), depuis l'âge de douze ans, la promène et l'exploite ; enfant, on la vendait aux officiers de la garnison, aux touristes anglais et aux cheiks du désert passant par là en caravanes ; dans la journée, elle posait chez des peintres, et, le soir, dansait dans les cafés indigènes bondés de voyageurs. Aujourd'hui, les siens l'ont dépouillée : plus un bijou, plus un sequin, quinze sous de cotonnade bleue roulée sur son échine tremblante, et on l'envoie mendier sur les routes, et Nouna y meurt lentement, sans une plainte, une main machinalement tendue vers le passant, résignée de la morne résignation d'un animal, aujourd'hui bête à souffrance, autrefois bête à plaisir.

Hambarkâ et Mériem ; les deux sœurs égyptiennes de la rue des Ouled-Naïls, la gloire et le seul charme, en vérité, de la prostitution de Biskra.

Hambarkâ, brune et colorée, très peinte, rappelant, dans sa robe de brocart jaune très raide, à manches larges, une vierge de l'école byzantine ; Mériem, souple et mince, l'air d'un jeune sphinx aux yeux de gazelle, dans sa tunique de soie verte mordorée, le caractère de son visage, étroit et long, savamment accentué par une étrange coiffure de soie violette et de gaze noire. On voit que des peintres européens ont présidé à cet ajustement : chaque partie du costume a une valeur esthétique ignorée de l'Orient, où le soleil est, avant tout, le grand arrangeur des tons et des couleurs. A travers l'ignominie de la rue des Ouleds, à la fois parfumée et puante, Hambarkâ et Mériem déambulent fièrement toute la journée, la main dans la main, une fleur de grenadier derrière l'oreille et, quelquefois, dans la narine, ce qui est ici la coquetterie suprême.

Devant des portes entrebâillées de bouges, qui sont ici les lieux de plaisir, des écroulements de chair avariée, recrépie d'onguents et peinturlurée de fards, représentent, échoués jusqu'au milieu de la chaussée, et la Femme et l'Amour; de vieux rideaux de tulle à fleurs, des cretonnes voyantes, et, çà et là, quelques voiles bleuâtres lamés d'or enveloppent et enturbannent ces beautés avachies. Les mains, demeurées assez fines, se tendent machinalement vers vous, couvertes de tatouages et rougies de henné, et, sous de bouffantes tresses de laine noire, de gros yeux morts à paupières flasques, de veules yeux charbonnés de khol roulent plus qu'ils ne regardent, reculés par l'ombre des fards dans le rond crayeux de larges faces à bajoues, d'une lassitude abominable. Et le goitre des mentons s'écroule et pend sur le ballonnement des gorges, et les gorges fluent sur le renflement des ventres; et, les cuisses grotesquement écartées, ces dames, assises à la turque sur le seuil de leur échope, s'occupent à faire brûler de l'encens et du benjoin sur des réchauds de cuivre : aimable invitation aux passants que ces tourbillonnements de fumée odorante. Derrière les portes entrebâillées, les marches apparaissent d'un escalier blanchi à la chaux qui mène à la soupente de ces vendeuses d'infini et d'amour; cela pue d'ailleurs formidablement la misère et la crasse; encens et benjoin sont de troisième qualité, et les relents des *friterias* voisines, aggravés des pestilences du marché tout proche, impressionnent péniblement l'odorat du visiteur.

Au milieu de toutes ces infamies, Hambarkâ et Mériem promènent, comme deux jeunes princesses d'un autre temps et d'une autre race, leurs grâces de jeune animal et la sveltesse souple de leurs corps vierges... ou tout au moins demeurés tels, car Hambarkâ, qui se détaille elle-même, sans famille derrière elle pour surveiller la vente, et s'est faite l'éditeur responsable de sa jeune sœur, proclame bien haut et à qui veut l'entendre qu'avec elles deux il faut se résigner aux jeux savants de la Petite Oie, *frottir et non cassir*, tout comme nos flirteuses et prudentes mondaines. Au pays du soleil et des audaces arabes, ce *non cassir* fait songer.

La hautaine Hambarkâ tient d'ailleurs à distance soldats et indigènes; conducteurs de caravanes, cheiks des tribus voisines et même maréchaux des logis des régiments de France peuvent venir heurter et crier à sa porte, elle ne s'adoucit qu'aux adjudants, et encore préfère-t-elle et de beaucoup aux officiers de la garnison les peintres français animés de justes défiances et les bons touristes anglais généralement fort généreux, lorsqu'il s'agit de Mériem et de *non cassir*.

Et pourquoi se prostitueraient-elles, puisqu'elles sont riches? Et il faut voir Hambarkâ faire ruisseler du bout de ses doigts fins les louis et les dollars de leurs triples colliers; elles donnent le café chez elles et consentent à se montrer nues, voilà tout. Le soir, elles dansent dans une espèce de café-chantant tenu par deux Arabes, et obtiennent ce qu'elles veulent de ce public de peintres américains, de touristes français, de vieilles misses, affolées de promenades à chameau et d'immoralités arabes, et de curieux de tous pays.

Ainsi s'exprime la donzelle. Malheureusement, tout l'échafaudage de ces ingénieux mensonges s'écroule devant deux mots de l'officier qui veut bien nous servir de guide. Nous le suivons dans une sorte de hangar bondé d'Arabes et de spahis indigènes, établissement à moitié café maure, à moitié fumerie pour amateurs de kief, et là, vautrés au milieu d'un tas de burnous et de loques douteuses, notre guide nous montre les amants de cœur de ces dames : celui d'Hambarkâ d'abord, un jeune Kabyle à la face camuse et souriante, magnifiquement vêtu d'une robe de soie verte (la couleur ici affectée aux pèlerins, retour de la Mecque, et aux pieux marabouts, la couleur sacrée), et celui de Mériem, un superbe nègre aux larges épaules, mais au nez rongé, genre de beauté galante déjà remarqué dans les maisons de filles de Constantine.

Ces deux seigneurs, tout rongé que soit l'un et tout sacré que paraisse l'autre dans sa robe smaragdine, n'ont pas l'air d'hommes à ne pas *cassir*.

Et c'est pourtant ce *non cassir* qui a fait la fortune de ces dames. La colonie anglaise surtout est, paraît-il, d'un merveilleux rapport.

Ces dames donnent le café chez elles et consentent à se montrer nues aux artistes, voilà tout.

PRINTEMPS DE TUNIS

> Tout le ciel est en feu !
> Vois, tu meurs d'une mort de prince et de poète,
> Entre les bras rêvés ayant posé ta tête,
> D'une mort qui n'a rien ni de laid ni d'amer,
> Et devant un coucher de soleil sur la mer !

Était-ce le charme irrésistible de la comédienne qui les disait, ces vers? l'eurythmie de ses attitudes ou la langueur savante de ses gestes, le métal de cette voix à la fois délicate et vibrante, ou tout simplement l'art de cette mise en scène inoubliable, la splendeur de ce soleil couchant, tout de braise et de roses incandescentes à travers ces agrès et ces voilures ? mais cette poésie, assez médiocre en somme, venait de m'ouvrir tout un autre horizon, et derrière les fumées bleues des encensoirs, aux sons des flûtes et des violes, la toile de fond représentant la lointaine Tripoli venait de s'évanouir, et c'est Tunis, Tunis l'*argentée*, comme on l'appelle là-bas, qui surgissait lentement devant moi, ville de féerie et de rêve, Tunis demeurée la cité légendaire qui hantait le sommeil des anciens croisés,

Une de ces cités d'ombre, d'or et d'azur

dont Victor Hugo excellait à ressusciter toute la gloire dans une rime :

Césarée, Antioche, Héliopolis, Assur :

Tunis combien déjà lointaine, hélas! et pourtant si présente encore... il y a deux ans ; non point la Tunis des touristes, la ville européenne de la porte de France, le bruyant et coloré caravansérail des souks, ou la ville arabe et puante du quartier Halfaouine, mais la Tunis moins connue et bien autrement savoureuse de la porte Bab-Sidi-Abdallah, non loin du quartier de la brocante, auprès du château d'eau nouvellement construit au sommet de la ville pour y distribuer les eaux du Zaghouan ; car il existe encore, le fameux aqueduc qui apportait l'eau de la montagne des sources à Carthage, l'aqueduc immortalisé dans la *Salammbô* de Gustave Flaubert par l'équipée de Mathô et Spendius, l'aqueduc qui, une fois entamé par la hache du Lybien, vouait toute la ville et le peuple d'Hamilcar aux affres de la soif et à Moloch dévorateur.

Ces ruines courent encore à travers toute la campagne, et c'est, entre Tunis et l'emplacement de l'ancienne Carthage, une longue file d'arcades dressant à l'horizon des piliers de briques roses, et cela sur des longueurs de deux cents et de trois cents mètres, pour se briser tout à coup, quitte à se relever plus loin comme les tronçons d'un serpent qui, tout coupé, vivrait et remuerait. Oh ! la tristesse et la mélancolique leçon de ces inutiles arceaux s'effritant à travers la plaine et racontant, durant des lieues, la grandeur à jamais disparue d'une civilisation qui n'est plus ! Une partie de cet aqueduc subsiste, encore intacte, et c'est elle qui apporte du Zaghouan et jusqu'au château d'eau, tout à l'heure cité, le trésor des sources qui alimentent Tunis ; mais les ingénieurs français l'ont absolument enterré, enfoui, sous des remblais, dérobant l'ancien travail romain à la malveillance des indigènes et aux intempéries des saisons, et c'est l'aqueduc qui fertilisait jadis les jardins d'Hamilcar qui alimente aujourd'hui les jets d'eau des palais des beys ; et Tunis a confisqué pour ses patios et pour ses places les sources nourricières de l'antique Carthage, comme elle a volé les mosaïques et les piliers polychromes de ses temples pour en orner les portes de ses mosquées et les angles de ses minarets.

Selon l'inéluctable loi de nature, la ville moderne a dévoré la ville morte, empruntant ses plus riches parures aux ruines mêmes de la défunte ; elle a secoué ses cendres au vent dans un crible pour y mieux trouver les amulettes rares et les joyaux précieux, et c'est avec les ossements de Carthage qu'est édifiée la séduction de Tunis.

Nous revenions de visiter le Bardo, le Bardo des anciens beys que vient d'entamer la pioche des démolisseurs et dont il ne reste plus à l'heure actuelle que la fameuse cour des Lions ;

nous avions traversé des lieues et des lieues de trèfle et de luzerne en fleur et, les narines encore emplies d'une odeur de miel, nous venions de nous engager par la porte de Bab-Sidi-Abdallah, dans l'enceinte des murs, — les murs flanqués à cet endroit d'une ancienne forteresse, dont l'incurie orientale laisse depuis des siècles envahir la base par des amoncellements d'ordures.

Elle sert aujourd'hui de poste ou de caserne; le sommet de ses grosses tours rondes s'effrite dans l'herbe rase de hautes pentes gazonnées, car non seulement les fossés ont disparu, insensiblement comblés, mais des entassements de détritus et de boue ont submergé peu à peu l'ancien fort; et c'est maintenant, à l'ombre des hautes murailles, des pelouses mamelonnées où toute une vermine populaire s'ébat gesticulante, bruyante et colorée autour de psylles, charmeurs de vipères, et de bateleurs, faiseurs de tours.

Toute la lie du faubourg est là, hommes et enfants accroupis et couchés dans ces pittoresques poses comme en possèdent seules les races de l'Orient, et c'est dans l'herbe verte la bigarrure et le chatoiement de toutes les nuances et de toutes les couleurs, gandouras mauves et roses, vestes turquoise, turbans brodés de jaune, chéchias et burnous coiffant les faces rases de toute la gamme des rouges et drapant les épaules de toute la gamme des blancs, une incroyable palette grouillante, remuante, avec çà et là des trous noirs de bouches grandes ouvertes et le mouvement de deux bras levés et jetés en avant. Toute cette joie populaire applaudit à deux énormes portefaix qui luttent, car il y a des lutteurs aujourd'hui à la porte Bab-Sidi-Abdalah et, le torse nu, moiré de sueur, les deux hommes, pantalonnés de caleçons de cuir, essaient avec des mouvements lents et cauteleux de félins de saisir chacun le cou de son adversaire; ils ont tous deux d'effrayantes carrures, des faces de brutes à longues moustaches et le crâne en pointe des Barbares qui ont brûlé le Parthénon; ce sont deux Turcs de Constantinople.

Voilà déjà une demi-heure qu'ils se malaxent les chairs sans parvenir à se tomber; la populace bat des mains à chaque reprise. Trois élégants aux yeux gouachés de khol dominent de toute leur hauteur l'assistance assise en cercle; des rires d'enfants s'égrènent dans la foule, derrière nous, car nous nous sommes arrêtés à les regarder. Ce sont, coupées de minarets et de coupoles de mosquées, les terrasses du faubourg d'Al-Djazira descendant jusqu'à la mer, toute une dégringolade de cubes blanchis à la chaux, échelonnant jusqu'aux lacs les degrés inégaux d'un escalier géant. Chaque moellon d'une de ces marches est une demeure arabe, et nous dominons tout le panorama comme du haut d'une invraisemblable pyramide, dont la première marche baignerait dans la mer.

Vis-à-vis nous, de l'autre côté du golfe, ce sont les silhouettes épiques des montagnes célèbres, le Bou-Kœrnin, le Djebel-Ressas et le Zaghouan, la fameuse montagne des sources, toutes les trois déjà vaporeuses dans le crépuscule, trois arabesques couleur d'iris que le mirage de l'heure fait étonnamment proches et hautes (on croirait qu'on va les toucher du doigt). Dans quelques minutes, elles se profileront en noir sur un ciel de soufre, un horizon en ce moment d'or rose, qui s'altère et verdit déjà.

Des rumeurs confuses montent de la ville européenne; des âniers passent, poussant devant eux leurs petits ânes gris et blancs chargés de couffes; il descendent eux aussi vers la porte de France, et nous les suivons.

Le Bou-Kœrnin, le Djebel-Ressas et le Zaghouan diminuent à mesure que nous descendons; tout est mirage dans ces pays de lumière, illusion et déception. C'est l'heure de la sortie des ateliers, l'heure où l'artisan tunisien clôt les volets de son échope; la vie et le mouvement affluent dans les rues avec une frénésie inconnue en Europe; les cafés arabes regorgent d'une clientèle affairée, bavarde, gazouillante, et ce ne sont autour de nous que mélopées étrangement chantantes; ces gens-là ont comme une caresse dans la voix.

Près du quartier de la brocante, nous faisons halte à la place des conteurs; elle fourmille de monde à cette heure crépusculaire. Trois êtres haillonneux, fantomatiques sous leurs capuchons effrangés, se tiennent accroupis au milieu de la place; le plus âgé, une figure de buis perdue dans une barbe de fleuve, récite d'une voix de rêve, monotone, lointaine, je ne sais quelle légende du pays; de temps à autre, les deux autres reprennent sa dernière phrase en refrain et se frappent les paumes en cadence, puis ils se taisent et le vieux diseur de légendes continue ; un tambourin en terre est posé devant eux. Autour, c'est la foule attentive.

Qui accroupis, qui debout, les Arabes écoutent tous dans des poses d'extase avec des yeux ravis : véritable peuple d'enfants, le merveilleux les enchante ; de temps à autre, un sou tombe dans le tambourin en terre, qui sert de sébile aux conteurs ; la nuit tombe ; à peine distingue-t-on maintenant les traits de leurs visages... Des sons de derbouka ronflent dans les cafés voisins, des zouaves permissionnaires passent, se hâtant vers le jardin de Djelbirb ; des chauves-souris tournoient dans l'air.

QUATRE ANS APRÈS

A BORD DE L' « ABD-EL-KADER »

Lundi 10 janvier 1898.

Quatre heures à bord de l'*Abd-el-Kader*, quai de la Joliette.

> Malheur à celui qui s'exile,
> Dit un maussade et vieux refrain,
> En Sardaigne comme en Sicile
> Il retrouvera son chagrin.
> L'éviter est peine inutile.

« Comme vous êtes heureux de partir! — Croyez-vous? — C'est bien à vous de m'envier, vous qui venez de l'Inde! — Oui, mais je reste à Marseille cet hiver. — Vous auriez dû aller au Caire. — Peut-être, mais cinquante francs par jour de dahabieh, c'est un peu chaud pour mon budget. — Surtout, ne manquez pas Tripoli, c'est une ville turque qui vous enchantera. » Et, dans le salon du paquebot, le jeune ménage et les amis qui sont venus me dire adieu, me serrent la main et puis s'en vont. Sur Marseille, une diluvienne ondée n'a pas cessé de tomber depuis le matin; il pleut encore à seaux, et les cheminées des transatlantiques, les vergues et les hautes coques garnies de cuivre évoquent, dans la brume de plus en plus dense, une humide et fantastique vision de Glasgow; la température est moite et d'une extrême douceur. A cela près, ce Marseille pluvieux est aujourd'hui un port du Nord; sur les pontons autour de nous, c'est une armée de portefaix coiffés de sacs, un fracas de grues et de leviers montant le chargement du bord; d'autres portefaix sont à fond de cale, arrimant les sacs et les caisses de toutes provenances; c'est un tumulte assourdissant, et la pluie tombe toujours... Six heures, nous sommes encore à quai, nous avons déjà deux heures de retard avant d'avoir quitté le port; il nous faut attendre l'embarquement complet des marchandises... Une cloche, c'est le dîner; nous nous mettons à table; nous sommes treize, sans compter le commandant; le médecin et le commissaire du bord, les autres passagers sont déjà couchés dans leurs cabines, et nous sommes encore à quai... un bruit de chaînes, l'hélice racle et le bateau dérape.

Nous partons; en route pour Tunis. La mer est toujours douce quand il pleut.

Mardi 11 janvier.

Sept heures du matin, en Méditerranée, sur l'entrepont que lave à grande eau l'équipage. La nuit a été bonne; j'avais hâte de quitter cette cabine où la tête tourne, tant on y étouffe. Trois passagers tôt levés font comme moi les cent pas le long des bastingages; nous filons dans la brume, assez durement secoués par une mer d'un bleu d'encre de Chine, presque noire, aux vagues on dirait schisteuses. La notion de l'heure se perd à les regarder. Peu à peu, d'autres passagers se montrent : tous ont arboré des caoutchoucs et des casquettes extraordinaires; il y a des visages bien tirés, mais tous préfèrent la grande brise du large à l'air empuanti et au bruit de cuvettes des cabines. Autour de nous, la Méditerranée continue de chevaucher avec des lames dures et courtes, d'un bleu qui s'assombrit encore; à l'arrière, trois goélands tournoient, blancheurs planantes attirées par les déchets des cuisines.

Onze heures. Nous ne sommes plus que neuf à table, quatre passagers déjà manquent à l'appel, mais l'appétit de ceux qui restent fait honneur aux estomacs français, car, sur ces neuf, deux seuls sont Anglais et les absents sont Belges... L'Anglais déclare que les Français mangent des couleuvres, des anguilles de haie, aôh! comme il dit; je pourrais lui répondre qu'on lui en a fait avaler une de belle dimension, le jour où on lui a raconté cette histoire, mais il me plaît d'entretenir les illusions d'Albion.

Quatre heures. Les goélands, qui étaient trois ce matin, sont maintenant devenus essaim : ils sont seize, dix-huit, vingt et un, vingt-quatre, car on a peine à les compter à travers les ellipses et le caprice de leur vol; d'heure en heure, leur nombre s'augmente, d'où viennent-ils? Mais il nous suivent obstinément acharnés, comme après une proie vivante, à l'arrière du bateau ; leur voracité est si grande qu'ils arrivent à planer presque sur notre tête; jamais je n'en avais vu de si près, on pourrait presque en saisir avec la main.

Oh! caresser le plumage vierge du goéland!

soupire un des plus jolis poèmes en prose de Judith Gautier, celui de l'*Ile de Siloë*, l'île où il pleut toujours! L'adorable bête, en effet! le gris cendré, presque blanc de son corps effilé comme celui d'un poisson, la large envergure de ses ailes, ses grandes ailes taillées en biseau comme pour mieux couper l'air, et la grâce, la mollesse de son vol comme bercé dans l'espace, leur brusque plongeon, comme une chute, les deux pattes pendantes pour fouiller la vague du bec, et, sur ce ciel de brume, les chassés-croisés, les lacs et les entrelacs et les arabesques imprévues de leurs planantes blancheurs.

Nous sommes installés deux ou trois à l'arrière et leur jetons des morceaux de pain. Ils tournoient avec des piaulements plaintifs comme jaillis même de l'écume du sillage, ce sillage où la Méditerranée labourée par l'hélice devient d'une transparence de saphir pâle, d'un bleu si liquide et à la fois si vitrifié qu'on ne se lasserait jamais de le regarder... Oh! le bleu de la vague bouillonnante et déchirée sous le poids du navire, comme il vous fait comprendre la fable des sirènes et toute la mer peuplée d'yeux et de cheveux de femmes des théogonies antiques!

Cinq heures. La mer se fonce, la brume augmente, les goélands se font plus rares, et ce brouillard plus dense dans le brouillard, à notre gauche, ce sont, seulement devinées, les côtes de la Sardaigne... L'*Abd-el-Kader* danse de plus en plus, la nuit sera mauvaise.

Six heures. Nous ne sommes plus que six à table, trois passagers manquent encore; le bateau tangue horriblement, et chacun se dit avec angoisse : « Serai-je aussi malade? »

Mercredi, sept heures, en Méditerranée. Une mer terrible qui n'a pas cessé de faire rage toute la nuit; il y a douze heures que nous tanguons sans une minute d'accalmie; je n'ai pu fermer l'œil, la tête et l'estomac pris de vertiges, anéanti, depuis douze heures, dans l'affreuse sensation du sol qui se dérobe, et qui remonte brusquement sous vous, douze heures sans interruption de montagnes russes, songez à cela, Parisiennes, avec l'aggravation des paquets de mer s'écrasant aux hublots, des moments atroces, où l'hélice sortie de l'eau tourne dans le vide, *la casserole*, comme on dit à bord, et du bâtiment craquant dans toute sa charpente... Aussi, tous les passagers sont malades : je suis le seul debout; dans les premières du moins... Sept heures, et nous devions arriver à Tunis à cinq. Ces côtes, en face de moi, à travers la bruine, c'est la pointe de Bizerte; nous n'entrerons dans le canal de la Goulette qu'à dix heures, cela fera cinq heures de retard. La Méditerranée remueuse est d'un vert glauque d'Océan; elle est écumeuse et striée de lividités opaques qui me rappellent les mers démontées de mon pays, en mars. Bon, voilà qu'il pleut à verse, et nous tanguons toujours!

Un marin de l'équipage, une brune figure de Provençal aux étranges yeux clairs, vient à moi en prononçant mon nom. Où ai-je déjà vu, ce visage? L'homme se nomme, et je me souviens, à Hendaye, l'autre été, chez Pierre Loti, à mon retour d'Espagne... Léo Témesse. Il fut le compagnon de voyage de Lucien Viaud à travers la Galilée et les sables de Pétra, et c'est à lui que Pierre Loti a dédié la belle trilogie qui commence au *Désert* et finit à *Jérusalem*... Comme on se retrouve ! Oh ! l'imprévu des voyages et des rencontres qu'ils comportent, Hendaye, la Bidassoa et Fontarabie fauve et morne dans le gris moiré du golfe de Biscaye, Lévy Durmer installé dans la villa de Loti et en train de faire son portrait, comme c'est déjà loin, tout cela !

Et nous nous retrouvons, le long des côtes de Tunisie, sur une Méditerranée tourmentée d'hiver ; mais son service appelle mon interlocuteur ailleurs, nous nous serrons les mains ; adieu ! qui sait si nous nous reverrons jamais !

Onze heures, le déjeuner. Nous sommes trois à table, la pluie a cessé ; la mer, d'un vert pâle comme dans les tableaux de Whistler, vient mourir dans des lueurs jaunâtres aux bords d'une grève plate d'un vert de jeune pousse ; des gros cubes blanchâtres s'y ébauchent, qui sont des villas musulmanes. C'est, sur un ciel de lait, un paysage d'une douceur infinie, une harmonie de gris perle, de blanc de plomb, de vert glauque et de vert d'asperge qui fait songer aux plus fines et aux plus atténuées aquarelles de l'école moderne. Déjà, derrière nous, fuit une haute colline où blanchissent d'autres villas, c'est la montagne de Carthage avec son village arabe, villégiature de riches, Sidi-Bou-Saïd ; puis la colline s'abaisse, et cette masse, d'un blanc lumineux, comme de l'argent sous le ciel bas, c'est la cathédrale fondée par Mgr Lavigerie, la cathédrale et ses Pères blancs. La mer est tout à fait calme, d'un vert limoneux de canal. Nous entrons dans le canal de la Goulette. Trois quarts d'heure encore, et nous serons à quai de Tunis.

Des visages non encore vus, des passagers inconnus, enveloppés de caoutchoucs et de plaids, envahissent la salle où nous mangeons ; c'est un encombrement de valises, de fusils et de couvertures. Ce sont tous les cloîtrés du mal de mer qui remontent des limbes des cabines à la lumière du jour ; nous arrivons.

QUARTIERS DE TUNIS

LA PORTE DE FRANCE

C'est, à Tunis, ce qu'est la place du Gouvernement à Alger, le centre du mouvement de la ville, mais du mouvement européen, la place des cochers, le rendez-vous indiqué des touristes. C'est là que sont groupés les grands magasins, les cafés, les libraires, tous les fournisseurs à l'instar de Paris et de Londres, dont peut avoir besoin Cosmopolis en déplacement. L'air d'une fausse rue de Rivoli avec son côté de maisons à arcades, c'est l'avenue de France avec, à l'horizon, les palmiers de la Résidence et la steppe encore à peine bâtie de l'avenue de la Marine. L'aspect en est médiocre et rappellerait à la fois la place Masséna de Nice et celle de la Liberté de Toulon, sans sa foule grouillante et déjà colorée d'Arabes en burnous, de Maltais, de Siciliens, de nègres vendeurs de macarons et de pâtisseries arabes, crieurs de bouquets de violettes et, pêle-mêle avec les Tunisiens vêtus à l'européenne, mais coiffés de chéchia à long gland de soie bleue, des ordonnances et des soldats de la place.

C'est une foule peuple, bavarde, affairée, stationnant en groupes haillonneux et querelleurs, des faces lourdes et moustachues de Maltais à côté des profils ciselés et des yeux aigus des têtes siciliennes; les complets jaunâtres, les sombreros déteints, les bonnets de fourrure et les bottes à hautes tiges chères à toute la racaille latine; et cela joue dans les buvettes, attablé le long des journées autour de cartes graisseuses; et ce sont des jurons et ce sont des menaces et des offres de service à l'étranger qui passe, mais proférés sur un ton chanteur et caressant dont la douceur zézayante étonne; et puis, sur ce fond roux de loques européennes, des faces camuses de nègre, taches noires rehaussées de la blancheur d'un burnous et du rouge vif d'un turban, l'envolement écarlate d'un manteau de spahi, le drap bleu soutaché de noir d'un costume de juif, l'éclat tapageur d'une couffe de piments frais qu'un Arabe emporte, la grotesque silhouette blanche d'une femme indigène, coiffée du hennin et trébuchant sur d'énormes hanches empaquetées de voiles, la joliesse claire et comme nickelée d'un dolman d'officier de chasseurs, et, dans des odeurs de jonquille, des relents de poisson frit et de beignets arabes, le caquetage assourdissant, la rumeur incessante et les voix enfantines des vendeurs et des camelots, dont la Porte de France semble être, de l'aube au soir, le perpétuel et bruyant rendez-vous.

LES SOUKS

Après la Porte de France, deux rues tortueuses, commerçantes et étroites bifurquent et montent vers la ville arabe. Parties d'une petite placette, on dirait réservée à l'industrie des cireurs et des pâtissiers arabes, elles s'enfoncent, odorantes et malpropres, entre des étals de bouchers, de marchands de légumes et de brocanteurs, dans un pullulement d'indigènes de tout âge et de toutes classes; marée arabe dont le flot qui monte et le flot qui descend emplissent de jambes nues, de gandouras, de burnous et de turbans les étroites travées, obstruées déjà de petits bourricots chargés de légumes, de provisions, et même de gravats de démolitions empilés dans des couffes; *Arroua, arroua.* Ce sont et la rue de l'Eglise et celle de la Kasbah ; toutes les deux conduisent dans les Souks...

Les Souks, sont le charme, la séduction et le danger de Tunis. Ils sont le charme des yeux, la séduction des sens attirés et pris par les couleurs, les nuances et les senteurs, ils sont aussi le danger pour les bourses, ils sont la dette embusquée derrière les colonnes rouges et vertes dont s'encadre chaque échope marchande. Les Souks, c'est le piège tendu par l'Orient à l'Europe, l'inévitable nasse aux fines mailles de soie, mailles ténues, chatoyantes, mais dont toutes se resserreront sur vous et vous prendront à la gorge, pour peu que vous

20.

ne sachiez point vous défendre contre la caresse enfantine du parler des vendeurs, l'enveloppement de leurs gestes et leur offre de *kaoua* (le café qu'ils vous invitent, implorants presque, à venir prendre chez eux, au milieu de leurs coussins et leurs tapis d'Asie). Les Souks, c'est votre budget grevé pour des années, si vous ne savez pas éventer les ruses et les travaux d'approche des courtiers fripons et harceleurs, toute cette nuée de guides et de pisteurs que les Souks envoient chaque matin guetter l'étranger riche à la porte des hôtels, juifs et musulmans rapaces, juifs surtout dont le commerce arabe a fait des rabatteurs, affiliés et affidés aussi des Vieux de la Montagne contre la bourse des roumis, pisteurs et guides qu'une trouvaille heureuse d'un journaliste tunisien a baptisés du nom de Vautours,

Constantine a ses charognards, Tunis a ses vautours.

Les vautours des Souks ! et sous leurs voûtes blanchies à la chaux et leurs toitures de planches disjointes, voici, baignés d'ombre et de lumière, les mille et un dédales du souk aux parfums, du souk des tailleurs, du souk des femmes et du souk aux étoffes, la cité même de la couleur, de la richesse et du clair-obscur...

Mystérieuse pénombre trouée çà et là d'un filet de soleil, une foule gesticulante et diaprée s'y démène, Arabes et juifs, les Arabes en gandoura rose, bleu turquoise, vert d'eau, mauve, orange ou gris de fer, les juifs en veste et culotte bouffante, la plupart en drap bleu pâle, reconnaissables à leurs mollets énormes et aux larges yeux noirs de leurs faces encore plus pâles et plus bouffies que celles des marchands maures; et c'est le souk des fruits secs avec ses jattes de bois et ses couffins d'alfa débordant de caroubes, de pois chiches, de pistaches et d'amandes, ses sacs de *beller* et des régimes entiers de bananes et de dattes! Que de marchés longtemps débattus autour d'une livre de fèves grillées, que de conciliabules pour une poignée de raisins secs! La rue des Tamis le traverse, mais c'est auprès de la grande Mosquée de la Zitouna que l'émerveillement commence.

A peine a-t-on dépassé la haute colonnade interdite aux roumis (le temps d'une halte devant le grand escalier incessamment monté et descendu par des fidèles), vous êtes dans le souk aux parfums.

Odeurs à la fois écœurantes et violentes d'essences de rose et de jasmin, c'est, dans un long couloir-voûte soutenu par des piliers au coloriage brutal, une double rangée de boutiques aux boiseries peinturlurées avec un goût barbare, une galerie de véritables niches auréolées de cierges de toutes grandeurs, quelques-uns à cinq branches : cierges aux extrémités rouges, vertes et dorées, longs flacons de verre peints d'arabesques d'or, de verre bleu pour le kolh, de verre blanc pour les essences, toute une enfilade d'étroites petites chapelles d'une ornementation criarde où s'encadre, tel un Boudha dans la pénombre de son temple, un parfumeur indolent et blafard... Avec des langueurs de captifs derrière leurs comptoirs encombrés de flacons et de boîtes, ils se tiennent là le long des jours, les aristocratiques et pâles vendeurs du souk.

Une corde pendante à la portée de leurs mains pour les aider à se hisser dehors, ils demeurent là au milieu des vastes corbeilles remplies de henné et de souak, vous hélant nonchalamment au passage et sans autre mouvement que celui du fumeur faisant tomber les cendres de sa cigarette; pas d'autre appel au client. Un peu dédaigneux, efféminés et blêmes dans leurs longues gandouras de drap fin et de nuances mourantes, ils forment dans les Souks une classe à part.

C'est la noblesse même de Tunis commerçante : fils de grandes familles pour la plupart, ils s'étiolent durant l'hiver au milieu de leurs parfums d'ambre et de benjoin et de leurs cornes remplies de *ched*, mais vont passer, pour la plupart, la saison chaude à Djerba, où leurs parents ont des villas. et où ils pêchent et ils chassent, chasses au faucon, chasses au sloughi, comme des fils d'émir ; puis reviennent à la saison des pluies reprendre leur longue immobilité d'idoles dans leur niche odorante et peinte et de nouveau s'étioler et pâlir en attendant les visiteurs.

A l'entrée des boutiques, des Arabes, clients ou amis (tout un cénacle), se tiennent assis sur des petits bancs et causent.

C'est Souk-el-Attarine, ou le souk aux parfums. Aussitôt après, s'ouvre en long couloir le souk des tailleurs.

Mêmes colonnettes peintes en vert et en vermillon, même jour de mystère tamisé par des planches en toiture, même rangée d'échopes, mais ici en estrade, assez larges et profondes. Dans chacune d'elles, sept ou huit indigènes, presque tous juifs, se tiennent accroupis en cercle et travaillent silencieusement. Coiffés de chéchias et vêtus de drap de couleur claire, leurs grosses jambes croisées dans l'attitude classique, ils taillent, ils cousent, très actifs, bien plus acharnés à leur tâche que les tailleurs d'Alger, ne lâchant leur travail que pour vous appeler et vous offrir, à des prix naturellement doubles et quadruples de leur valeur : « Une gandoura, sidi ! » ou : « Sidi, un burnous ! » Et quels burnous ! Depuis le vert amande jusqu'au violet pâle des violettes de Parme.

Derrière eux, suspendue à des clous, c'est toute la défroque de l'Orient, gilets de moire, vestes brodées, gandouras aux nuances de fleurs.

Plus loin, c'est le souk aux étoffes, aux logettes petites et sombres, avec leurs marchands d'écharpes, de ceintures, de foutas et de haïcks. Puis voici des étoffes à turbans, brodées de soie jaune, des soieries d'Orient, de frêles tabourets incrustés de nacre et des gros chapelets d'ambre posés parmi les fusils damasquinés et les cimeterres de Damas ; là aussi dorment, entassés l'un sur l'autre, les moelleux tapis de Kairouan à côté des tapis de Perse, et les portières de Stamboul bossuées d'arabesques d'or.

C'est ici que le roumi doit redoubler de vigilance, car c'est dans le souk aux étoffes qu'il est le plus guetté par les courriers pisteurs. Ils sont là confondus dans la foule arabe, épiant vos gestes, votre physionomie, et, à la moindre velléité d'achat par vous manifestée, ils sont sur vous, sollicitant pour vous conduire ailleurs.

C'est à qui vous indiquera un magasin où vous trouverez à meilleur compte le même objet beaucoup plus beau et beaucoup moins cher : « Viens par ici, sidi, viens! » Et l'un vous prend par le bras, et l'autre vous tire par la manche; un troisième, insidieux, a osé glisser sa main dans la vôtre. Songez! voilà peut-être une heure qu'ils vous suivent, une heure qu'ils vous étudient, attendent, avec quelle patience! le moment de la curée. Si vous ne savez vous en défaire, dix minutes après vous serez installé, devant une tasse de café, chez Djemal ou Barbouchi, les deux grosses fortunes de Tunis, Barbouchi et Djemal, dont les rabatteurs, entretenus à l'année, ont mission d'amorcer et d'amener tout étranger de passage dans les deux anciens caravansérails dont ils ont fait leurs cavernes, car c'est dans deux anciens marchés d'esclaves que les deux rusés Tunisiens ont empilé les objets les plus tentants, les armes les plus rares et les plus fastueux tapis de Turquie et d'Asie que puisse trouver un chrétien à Tunis.

D'ailleurs, dans la rue, la séduction continue.

Après le souk des brodeurs, voici le souk des selliers et la féerie de leurs harnachements de velours plaqués d'or et d'argent, le luxe barbare de leurs hautes selles brodées de soie, puis le souk des tisseurs, celui du cuivre, le souk El-Bey et le souk des teinturiers, le plus ancien de tous, dans la rue du même nom ; le souk des teinturiers avec sa bordure d'amphores gigantesques et son vaste puits, dont l'eau servit peut-être à teindre les robes des suffètes de Carthage.

Il y a aussi le souk des libraires, le souk des orfèvres, mais c'est au souk des femmes que l'Européen s'arrêtera surtout charmé...

Là règnent en maîtres les vendeurs de costumes, de coiffures et d'oripeaux à l'usage des

Tunisiennes; là s'épanouit, comme une flore, la gamme des nuances infiniment tendres, pantalons de soie mauve écrasés de broderies, brochés rose turc et bleu turquoise filigranés d'argent; et c'est dans un désordre qu'on croirait voulu, tant l'ensemble en chatoie et miroite, les coiffures pointues en argent et en or fin, les damas d'Orient à côté des brocarts de Lyon, des tons de fleurs et de métaux, des vestes de velours et des voiles de gazes, des tulles lamés, des caftans de drap rouge bossués de lourdes broderies d'or de princesses beylicales, des chaussures de toutes couleurs, depuis les clot-clot en bois verni, incrustés de nacre... jusqu'aux minuscules babouches de sultane, en argent repoussé et martelé comme de véritables bijoux: et là, dans une foule de plus en plus affairée, plus gesticulante et plus dense, gandouras et burnous se coudoient et s'agitent dans la fièvre et le brouhaha de la vente à la criée; des indigènes circulent à travers les groupes, criant à tue-tête en arabe, en mauvais français s'ils vous voient, le prix de l'objet qu'ils tiennent à la main. « Trois douros (quinze francs) une veste de velours mandarine treillagée d'argent. » Un hennin de juive, tout brodé d'or fin à rubans de soie vert pistache, m'est laissé à deux douros (dix francs); des vendeurs promènent des perles, la plupart mal montées et presque toutes baroques, et, sur tout ce bruit, toutes ces couleurs et sur tout ce mouvement, la Zitouna, interdite aux chrétiens, répand son ombre sainte, dressée au milieu des Souks ou plutôt les tenant groupés autour d'elle, si bien que de sa boutique, pour s'encourager à tromper et spolier le client d'Europe, le marchand musulman peut longuement fixer la mosquée et son fin minaret revêtu de tuiles vertes pointant vers le ciel, dont le dieu de Mahomet a exclu le roumi.

TUNIS SOUS LA PLUIE

Mercredi 12 janvier 1898.

Il ne faut jamais revenir : l'étonnement est la première des joies de l'homme qui voyage, et c'est tenter l'impossible que de vouloir être étonné deux fois par les mêmes aspects de race et de pays ; et il n'étonne pas, mais il détonne et navre, cet Orient de misère qu'offre Tunis noyé de boue sous un ciel crevé de pluie.

La palette des couleurs s'est effacée, et, dans leurs costumes trop clairs, ce ne sont plus des nuances de fleurs que les Tunisiens promènent sous l'ondée, mais la lamentable et piteuse défroque d'un bazar oriental en faillite... et les gros mollets des juifs dans leurs bas blancs mouchetés de boue! et les pauvres jambes nues des bicots pataugeant dans les flaques d'eau jaunâtre, et la sordide impression de l'avenue de France, aujourd'hui, avec sa foule guenilleuse et mouillée de Maltais et de portefaix arabes encapuchonnés de vieux sacs de toile... Non, il ne faut pas revenir.

Jeudi 13 janvier.

Il pleut encore, il pleut toujours. Devant le Grand-Hôtel, c'est, armée de parapluies, l'inévitable nuée des courtiers pisteurs. Ils sont là, dépêchés au-devant de l'étranger par les Souks de Medina, et guettent la proie à ramener dans les repaires; ils me reconnaissent tous (à quatre ans de distance, quelle mémoire ont ces juifs! jugez de leur rancune contre les roumis, s'ils se souviennent avec autant de persistance des anciens affronts dont nous les avons abreuvés jadis) ; je décline leurs offres, et c'est aux Souks que je me rends néanmoins, les Souks dont les rues voûtées, ou tout au moins recouvertes de planches, m'offriront un sûr abri contre la pluie qui redouble.

Ils pullulent et foisonnent de la même foule colorée, diaprée et grouillante. C'est dans le clair-obscur des longs couloirs bordés d'échopes les mêmes groupes en burnous, les mêmes oscillations de turbans et de chéchias, la même promenade à pas majestueux et les mêmes salamalecs des gandouras de nuances tendres; Arabes riches circulant au milieu de la bousculade des courtiers juifs et des nègres commissionnaires, mais ce ne sont plus les Souks que j'ai connus... Tout aussi animés qu'autrefois, ils ont perdu l'aspect des *Mille et une Nuits* qu'ils avaient dans le soleil; là aussi les costumes se sont fanés et les nuances se sont éteintes. Il faut l'azur éclatant des ciels d'été à ces groupements de foule et d'étoffes, il faut des bandes de ciel bleu dans l'interstice de ces planches disjointes ; et, dans le cintre de ces voûtes, les dômes et les minarets des mosquées se détachent mal sur un horizon pluvieux, et puis le monotone crépitement de l'ondée sur ces toitures! Il me semble être encore sur le paquebot; non, il ne faut pas revenir.

Ils sont pourtant en rumeur aujourd'hui, les Souks : tous les marchands, arabes et juifs, y commentent, avec des oscillements de tête, des mouvements d'yeux et des grands gestes, un article de la *Dépêche tunisienne* sur le prince Vautour. C'est un des leurs qui est visé dans l'entrefilet paru, un des pisteurs les plus connus de l'avenue de France, envoyé à Malte pour y racoler des clients.

Cet Arabe inventif aurait, grâce au faste oriental de ses costumes et à la suprême élégance de ses manières, réussi à se faire passer pour un prince de la famille du bey, et cela même auprès du gouvernement anglais. C'est en plein triomphe, au milieu d'un bal au cercle des officiers, que la vérité sur le faux prince beylical aurait éclaté, au grand scandale des jolies misses et des aristocratiques ladies, très sensibles (c'est le prince Vautour qui l'aurait affirmé depuis), au beau physique du dit; mais quand on s'appelle Ben-Amor ! La chose m'est racontée tout au long chez Barbouchi, où je me suis laissé entraîner à prendre le kahoua. Kahoua, protestations d'amitié, joie délirante de me revoir, tout le grand jeu des effusions et des caresses, grâce auquel on espère me placer pour cinquante louis de broderies persanes et de tapis de Ladick. Les tapis sont, il faut l'avouer, merveilleux. A vingt-cinq louis, on pourra peut-être s'entendre.

Comme le prince Vautour en question est employé dans une maison rivale, on s'exclame et on s'esclaffe fort chez les Barbouchi, mais Tunis n'a pas lieu de triompher si insolemment des méprises de l'île de Malte, puisqu'il y a trois ans je ne sais quel aventurier, sous mon propre nom, non seulement faisait de nombreuses dupes de l'avenue de la Marine à la rue de la Kasbah; pouff à l'hôtel de Paris, escroqueries chez de nombreux marchands et toute la série des notes en souffrance, mais arrivait encore à placer de la copie et à la signer de mon nom dans la presse tunisienne, qui ne tarissait pas d'éloges sur le cher confrère. Et pourtant, l'hiver précédent, j'avais séjourné vingt jours à Tunis : c'est dire que j'y avais passé inaperçu ! Si j'avais quelque vanité, quelle aventure mortifiante!... inaperçu à Tunis, ô Parisiens cités des premières, petites célébrités d'un soir, comment jamais reparaître sur le boulevard !

HALFAOUINE

Vendredi 14 janvier.

Le quartier Halfaouine, maisons basses, un seul rez-de-chaussée, des fleurs jaunes et des herbes poussent sur les terrasses ; une suite de dés à jouer d'inégales grandeurs, voilà les rues ; chaque habitation s'ouvre en échope : ce sont en enfilades des friterias, poissons frits et beignets aux mêmes relents d'huile, des boucheries arabes avec le boucher assis en plein étal, les orteils nus, au milieu de ses viandes, boutiques de fruits et de légumes encadrées de régimes de dattes, de bottes de raves et de chapelets de piments, étals de potiers encombrés de jarres et de gargoulettes grossièrement peintes à la manière italienne, boutiques de charbon de bois et, à tous les dix pas, des barbiers et des cafés maures. Sur la place, vis-à-vis d'un café maure à péristyle enguirlandé d'une vigne (le fameux café maure reproduit par toutes les photographies) les huit coupoles blanchies à la chaux de la mosquée d'El-Aloui, huit mamelons d'un blanc d'argent sur le bleu laiteux d'un ciel d'aquarelle, et çà et là, dans une foule où la gandoura devenue rare est remplacée par le burnous, une énorme juive à bonnet pointu et aux petits souliers trop courts se dandinant comme une cane; chez les barbiers, quelques soldats du bey... impression de printemps de Tunis.

Ces quelques notes prises, il y a quatre ans, le moyen de les revivre sous la monotone et persistante pluie qui continue à noyer Tunis, une Tunis souillée, délavée et moisie dont une lèpre verdâtre a envahi tous les murs. De longues traînées vertes, du vert des lentilles d'eau, formées par des mousses imperceptibles, soulignent le long des dômes et des murailles les infiltrations d'eau, et font de la ville argentée (Tunis l'argentée, comme disent les Arabes), une inquiétante agglomération de dômes et de cubes livides et marbrés de veinures, telle une immense ruine sculptée dans du roquefort : Tunis d'hiver! Et, entre ses maisons comme atteintes de lèpre, la foule la plus laide et la plus sordide, la détresse des burnous et de toutes les loques sales que l'Arabe de Tunis ballotte entre ses jambes ; des vieux bicots retroussés jusqu'aux cuisses et la fuite sous la pluie de jambes sèches et noires, profils de dromadaires et pattes de sauterelles d'Égypte, la majesté des marabouts déshonorée par le parapluie, et, enfin, cette silhouette inoubliable, ce grotesque rencontré, ici, à tous les coins de rues, les jours d'averse : un vieil Arabe à capuchon sautillant parmi les flaques d'eau, un couffin de provisions d'une main, dans l'autre une vieille ombrelle écrue; non, décidément, il ne fallait pas revenir.

LE QUARTIER JUIF

Samedi 15 janvier 1898.

Le quartier juif, après la porte de France et la rue des Maltais.

C'est surtout là qu'il ne fallait pas revenir; dans ces rues étroites et sombres, comme étranglées entre les maisons plus hautes, ces rues déjà sales par les temps de soleil. Non, il ne fallait pas revenir dans le dédale obscur des placettes et des impasses du quartier des juifs.

Ville morte au cœur même de la ville et qui ne s'anime que le samedi, j'avais il y a quatre ans aimé l'aspect morne et fermé de ses ruelles hostiles et de ses hautes demeures, leur air de forteresses derrière leurs fenêtres grillagées tantôt à l'espagnole, tantôt à la mauresque, toute cette vie sourde et dérobée d'une race comme en défiance et se gardant jalousement des autres; quartier bizarre resté bien moyen âge avec ses maisons en ruines surgissant tout à coup au milieu d'une rue ou au fond d'une impasse, tout ce labyrinthe de ruelles silencieuses et tristes, aboutissant parfois à la porte bouchée par des planches d'un vieux logis à l'abandon! J'y avais fait de si radieuses et lumineuses rencontres, car la juive, la juive tunisienne hideuse à trente ans avec sa large face blafarde, ses bajoues, ses fanons et sa taille déformée par les grossesses, la juive aux lourdes jambes caleçonnées de soie et d'or est délicieuse de treize à dix-huit ans, et il faut qu'elles soient bien charmantes, les juives de

Tunis, pour résister au grotesque somptueux de leur costume.

La gorge libre sous une courte chemise de soie vert tendre, bleu turquoise ou rose turc brodée, c'est, de la ceinture aux chevilles, la soie mauve, blanche, ou jonquille, d'étroits caleçons, collants jusqu'à mi-cuisses, aux mollets cuirassés de lourdes broderies d'or, des caleçons qui valent parfois jusqu'à mille francs pièce et qui, bridant sur le ventre et leur serrant le bas des jambes, avec la mise en relief de fesses énormes, donnent aux juives déjà mûres, celles aux gorges flasques, un étrange aspect d'oies bardées prêtes pour la broche... Un bonnet pointu à banderole, la jolie coiffure des châtelaines de missel, casque comme d'un hennin leurs faces empâtées et blêmes, ces faces envahies par la lymphe juive et jaunes d'une graisse déjà vue à Paris sur le visage des baronnes; mais ces monstres, je l'ai déjà dit, sont les juives de trente ans.

Par contre, les enfants rencontrés aux coins des portes sont charmants, les petites filles surtout, d'une pâleur de jasmin avec leurs grands yeux noirs. Sous les chamarrures de leurs costumes, ils luttaient, ces petits juifs, dans mon souvenir, avec les enfants de Tlemcen, et les jeunes filles donc! les jeunes filles entrevues au fond des cours en train de faire la lessive, en chemise de soie brodée, tout comme les princesses des légendes, ou tassées l'une contre l'autre derrière le renflement grillagé d'une fenêtre, étaient-elles assez délicieuses sous leurs foulards de soie de couleur vive et le lustré de leurs luisants cheveux noirs, leurs cheveux du noir de leurs larges prunelles, leurs foulards du rouge de leurs bouches charnues.

Elles m'étaient apparues dans leurs blouses et leurs caleçons de soies claires comme autant de fleurs vivantes, les unes isolées sur leur tige, les autres groupées en bouquet..., fleurs de cire pourtant plutôt que fleurs vivantes, à cause de leur immuable pâleur... Je me rappelle encore un certain coin de rue avec un vieux mur blanc de chaux, couronné de glycines, et un ancien puits à large margelle, surmonté de ferronneries, dont trois petites juives tiraient de l'eau, groupe adorable et harmonieux allant du vert tendre au lilas clair. L'une d'elles était montée sur le puits pour aider au jeu de la poulie, et sa silhouette enfantine et parée se détachait, dans le soleil, sur le bleu soyeux du ciel : et cela ressemblait au début d'un conte, d'un conte des *Mille et une Nuits*. Je ne les ai pas retrouvées.

COMMENT ELLES VOYAGENT

MADAME BARINGHEL A CARTHAGE

Dans la plaine de Tunis, sur l'emplacement même de Carthage, à quelques mètres de la cathédrale des Pères Blancs, Mme Baringhel, Lord et Lady Quray, Lord Edouard Fingal, la marquise de Spolete et d'Héloé. Il pleut à verse, tout ce monde est engoncé dans des caoutchoucs, enveloppé de plaids et chaussé de snowboots ; on ne distingue absolument rien, si ce n'est quelques vergues et quelques mâts formant hachures dans la direction de la Goulette ; le Zaghouan, le Bou-Kornin, toutes les montagnes célèbres ont disparu dans la brume, c'est un spectacle de désolation.

Lord et Lady Quray de passage à Tunis qu'ils visitent en se rendant à Sofia ; Lord Algernon vient d'y être nommé consul et fait son tour de Méditerranée avant de se rendre à son poste où il entre en fonctions dans les premiers jours de mars ; l'homme géant, très blond, haut en couleur, très effacé et très correct, la femme très grande, trop grande presque, mais très belle, de la beauté classique d'une Junon, une des professionnelles beautés citées pendant dix ans à Londres; Lady Quray a bien trente-cinq ans.

Lord Edouard Fingal : dix-huit ans, beau comme un dieu grec, des cheveux d'un noir de jais bouclant naturellement, avec des yeux gris vert dans un visage de médaille syracusaine; produit évident d'un vigoureux croisement de races, d'origine irlandaise pourtant; fait loucher les Arabes et la marquise de Spolete.

La marquise de Spolete, Sicilienne, vingt-huit ans, en paraît quarante; petite, mince, sèche, mélange déconcertant de langueur et d'imprévue vivacité, tête étroite et longue, au menton accusé, éclairée par de splendides yeux pâles, des yeux d'un bleu comme mourant de désir; rejoint le marquis de Spolete, acquéreur d'immenses terrains entre Nabeul et Enfidaville; évidemment ruiné, vient se refaire en Tunisie.

Mme Baringhel, plus nerveuse et surexcitée que jamais, un peu fanée par la traversée, un peu hâlée surtout, mais toujours jolie.

D'Héloé, casquette russe en velours gris côtelé, immense caoutchouc mastic, plaid vert myrthe et vert olive, plus anglais encore que Lord Edouard Fingal, mais beaucoup moins beau.

Tous ces seigneurs braquent en vain jumelles et parapluies sous l'averse qui redouble.

Mme Baringhel. — Qu'est-ce que nous sommes venus faire ici?

D'Héloé. — Je me le demande.

Marquise Spolete. — Mais admirer des ruines, chère amie, songez, l'antique Carthage, la rivale de Rome, ce sol est plein de souvenirs, et tout le passé qu'il évoque!

Mme Baringhel. — Les souvenirs! Je ne

suis pas encore à l'âge des souvenirs; puis, dans cet ordre d'idées, il n'y a que les miens qui m'intéressent. (*A d'Héloé.*) Elle commence à m'agacer, moi, la Sicilienne, elle parle comme un guide Conty, pas même un Bædeker; nous a-t-elle assez ennuyés, en voiture, avec son histoire de Caton d'Utique... Utique, rivale de Carthage!

D'Héloé. — Carthage, rivale de Rome!

Mme Baringhel. — Rome, rivale d'Utique, ça se décline, c'est une femme pour musées! Nous avions bien besoin de nous en embarrasser! Avoir échappé aux courtiers-vautours pour tomber sur ce vieux cicerone!

D'Héloé. — Vieux! vous êtes dure.

Mme Baringhel. — Avec ce teint citron séché, vous avez des indulgences.

D'Héloé. — Que voulez-vous? en voyage...

Mme Baringhel. — D'autant plus qu'elle en sait beaucoup trop pour une femme de notre monde, et c'est d'un mauvais goût cet étalage de connaissances.

D'Héloé. — Ça vous humilie, hein?

Mme Baringhel. — Son érudition d'institutrice, moi? Vous êtes fou; mais écoutez-la parler; on n'est jamais assez difficile sur ses relations d'hôtel; quand cette femme-là serait une espionne...

La marquise de Spolete, à Lord et à Lady Quray, attentifs. — Le petit village, là-haut, ces koubas et ces villas arabes?

Lord Quray. — Oh! yes, Bou-Saïd.

Marquise de Spolete. — C'était la ville haute, celle où s'étageaient les immenses terrasses des palais de Carthage, l'emplacement même du quartier des riches, l'endroit où Flaubert, dans son beau roman de *Salammbô*...

D'Héloé. — Ça y est.

Marquise de Spolete. — A fait rêver, les soirs de lune, l'ardente virginité de la fille d'Hamilcar.

Mme Baringhel. — Et Lady Quray ne bronche pas?

D'Héloé. — La phrase est dans le guide, c'est une vieille connaissance.

Marquise de Spolete. — Vous vous rappelez la belle description du lever de soleil sur Carthage, dans le roman; la mer moirée et laquée d'argent avec le profil des montagnes du golfe et les chevaux consacrés au soleil hennissant vers l'aurore et frappant de leurs sabots dorés le parapet du temple.

Mme BARINGHEL. — Elle sait le roman par cœur.

MARQUISE DE SPOLETE. — Vous avez vu les citernes? toutes les données scientifiques portent à croire que le temple de Moloch s'élevait tout auprès.

Mme BARINGHEL. — Moloch fécondateur, elle va leur montrer le temple de la déesse, maintenant.

D'HÉLOÉ. — Voyons, ne vous agitez pas.

Mme BARINGHEL. — Le malheur est que le jeune Fingal reste insensible à toutes les avances. En voilà un, je crois, auquel la dame ne serait pas fâchée de dire : « Moloch, tu me brûles », mais *Love's labour lost*, très shakespearien, le jeune lord! Il se méfie de la Sicile.

D'HÉLOÉ. — Taisez-vous, elle va nous entendre.

MARQUISE DE SPOLETE. — Et quelle disgrâce que cette pluie! Si la chance avait voulu que vous vinssiez ici quinze jours plus tôt, vous auriez vu, mais à croire pouvoir les toucher avec la main, le Bou-Kornin et le Zaghouan. La lumière de ce pays est si merveilleuse; vous vous rappelez, le Zaghouan, la montagne des sources, dont le célèbre aqueduc de Spendius et de Mathô apportait les eaux à Carthage.

Lady Quray. — Mathô, aho, oui, je me rappelle ; c'était M. Sellier qui avait créé le rôle dans la *Salammbô*, de Reyer ; il était très bien, ce garçon-là, et la Caron donc, dans la *Salammbô*, divine.

Lord Quray. — Divine, en effet. Moâ, je adore ses longs bras. Les longs bras, cela est très chaste.

Mme Baringhel. — Écrivez donc des chefs-d'œuvre. (*Du ton d'un enfant qui récite une leçon.*) Vous oubliez le Bou-Kornin, ma chère, la montagne en croissant, tant chantée par Flaubert, la fameuse montagne de plomb où l'auteur a placé le défilé de la Hache. Sans ce brouillard, vous la verriez, la gorge où l'armée des mercenaires pressentit sa destinée tragique devant les lions crucifiés des deux côtés de la route !

Voyons, un petit effort de mémoire, chère amie, et dites-nous la belle page du crucifiement des lions. Cette Carthage ! Nous ne nous souvenons que de celle de Salammbô, d'Hamilcar et d'Hannon ; mais il y a celle des

Scipion, de Massinissa et plus tard de Marius, les deux ruines se pleurant ensemble. Mais qui parle jamais de celle-là! Quel pneumatique qu'une œuvre de génie! *Salammbô* a fait le vide dans l'histoire, car il y a eu une Carthage romaine et même une Carthage chrétienne dont on ne souffle mot, celle de saint Augustin, d'Apulée et de Tertullien, le Nice et le Monte-Carlo des sénateurs et des chevaliers de la décadence; car ils allaient, eux aussi, prendre leurs quartiers d'hiver dans de meilleurs climats : « Viens dans une autre patrie! » Et il ne pleuvait pas alors, à Carthage!

Quand on pense que tous les sièges de cette ville-là ont été des odyssées de la Soif. Carthage, la ville sans eau! Qu'est-ce qui s'en douterait? voilà dix jours que nous sommes à Tunis, et que la pluie ne cesse pas! Dire que les mercenaires faillirent la réduire en coupant l'aqueduc, et que les Romains, pour s'en emparer, durent l'envelopper d'un mur d'enceinte! Que les temps sont changés! Voyez-vous ces ondées au troisième chapitre de Flaubert! Plus de Grec Spendius et de rusés stratagèmes. Mathô ne s'introduit plus dans la conduite d'eau et

Carthage en deuil n'a plus à sacrifier ses enfants à Moloch. Voilà tous les effets du roman coupés : petite pluie abat grand vent. (*Bas à d'Héloé.*) Vous voyez qu'on sait ses auteurs. Lui ai-je assez coupé ses effets, à la marquise?

Lord Édouard Fingal, *qui n'a pas cessé de prendre des notes.* — D'où savez-vous toutes ces choses, madame?

Mme Baringhel. — Mais dans mon guide, tout simplement. Je vous l'indiquerai.

D'Héloé. — Vous êtes cruelle!

Mme Baringhel. — Oui, l'ennui me rend assez féroce; (*A haute voix.*) et maintenant, vous ne trouvez pas que nous sommes assez mouillés? Très imposants, tous ces souvenirs, mais, comme paysage, ça vaut la plaine d'Argenteuil. Moi, je rentre à l'hôtel; assez grelotté sous la pluie.

Lady Quray. — Ah! mais, n'y a-t-il pas à visiter l'église?

Marquise de Spolete. — La cathédrale, vous voulez dire?

Lady Quray. — Oui, la cathédrale et un musée très curieux, est-il vrai?

Mme Baringhel. — La collection des pieds

et des mains des soi-disant statues célèbres, tout le résidu des familles; bien du plaisir, je la connais, la cathédrale de Carthage et le petit couplet sur Mgr Lavigerie. (*Reprenant son ton de petite fille*). Le cardinal Lavigerie, un nom qu'on retrouve partout en Algérie et en Tunisie, le grrrand cardinal, vénéré des Arabes, qui le considèrent comme un marabout, regretté des Français dont il avait assuré, ici la prépondérance par sa haute intelligence politique et religieuse et sa profonde compréhension du caractère indigène. Un point, c'est tout. Je laisse à la marquise de Spolete le soin de vous en faire les honneurs; elle possède le pays mieux que moi, et, en sa qualité d'Italienne, vous dira en détail toute l'histoire de la colonisation française. Je suis un peu lasse, vous permettrez que j'aille vous attendre à ₄auberge, je ferai atteler; mais vous me laissez M. d'Héloé, n'est-ce pas?

Ces dames, en chœur. — Comment, chère, fatiguée! — Êtes-vous assez couverte, voulez-vous mon plaid? Serez-vous bien dans cette auberge? — Merci, merci, ne vous préoccupez pas de moi.

Dix minutes après, dans la salle de l'hôtel de Carthage, Mme Baringhel et d'Héloé, assis en tête à tête devant des punchs tunisiens (lisez grog très étendu d'eau); la pluie tombe encore avec plus de violence.

D'Héloé, *après un long silence*. — Et dire qu'il y a trois ans, nous cueillions ici des asphodèles et du trèfle incarnat de Tripoli que nous envoyions, le lendemain, par le courrier de France aux amis de Paris!

Mme Baringhel. — Et sous le plus beau ciel du monde! Quelle mélancolie! C'était au début de nos hostilités; comme vous me connaissiez peu encore, cher ami! Vous me faisiez la cour, oh! ne vous défendez pas, vous ne me jugiez ni plus mal ni mieux que les autres... « Cette petite femme-là doit marcher », vous étiez-vous dit, parce que bien chaussée et de jolis dessous.

D'Héloé. — Ah! si l'on peut dire!

Mme Baringhel. — Mais voilà, je ne marche pas, et, sur un flirt inutile, nous avons bâti une amitié sérieuse... Il est vrai que, depuis, vous avez tant marché, vous, pour votre compte...

D'Héloé. — Mais, chère amie, je ne vous permets pas...

Mme Baringhel. — Allons donc, vous n'allez

pas me faire croire que vous êtes du Cercle des pieds nickelés. Qu'êtes-vous venu faire en Tunisie?

D'Héloé. — Mais des documents pour mon livre.

Mme Baringhel. — Ah! oui, le fameux livre : *Figues de Barbarie*... J'aimerais mieux, moi, *Odeurs de Tunis*, car elle odore assez au milieu de ses lacs, la marécageuse ville des beys; et c'est pour documenter ce livre que, depuis dix jours, dix fois vingt-quatre heures que nous moisissons ici, vous me plantez-là tous les soirs pour courir les cafés et les bains maures.

D'Héloé. — D'abord, le soir, les bains maures sont fermés à Tunis; et puis, je ne puis pourtant vous mener dans les mauvais lieux.

Mme Baringhel. — Vous m'y traîniez bien pendant votre dernier voyage... Ah! je comprends, c'était un cadre à votre flirt, vous escomptiez le trouble et la suggestion des spectacles, vous me meniez-là comme un voyeur.

D'Héloé. — Vous me prêtez des sentiments...

Mme BARINGHEL. — Bien naturels. Oh! je connais les hommes, moins que vous, certainement, mais assez pour les mépriser à leur juste valeur, et la pluie redouble... Dire qu'à Paris on donnait hier la *Ville morte* et avant-hier le *Nouveau Jeu* de Lavedan.

D'HÉLOÉ. — Oui, mais il y a aussi l'influenza, l'affaire Dreyfus, l'incident Zola et les lettres infectieuses.

Mme BARINGHEL. — Oui, c'est vrai, nous avons échappé aux lettres anonymes, qui, le premier janvier, ont inondé Paris. Vous soupçonnez qui?

D'HÉLOÉ. — Mais le post-scriptum de Chasteley ne laisse aucun doute. *Il pleut de la m...*, a-t-il écrit, ça ne peut venir que de Bob ou de Gavrochetinette.

Mme BARINGHEL. — Odeurs de Tunis, odeurs de Paris; j'aurais aimé pourtant entendre la prose d'Annunzio.

D'HÉLOÉ. — La Sicilienne ne vous suffit donc pas?

Mme BARINGHEL. — Rien ne me suffit, mon ami; les choses me manquent ou bien m'excèdent. Mais que peuvent-ils bien faire dans ce musée? Pourvu qu'on n'y ait pas retenu lady de Quray; ils auraient au moins une statue intacte; ah! bon, les voici qui sortent.

C'est Junon tout entière à son socle attachée.

Quelle majesté! Ça m'ennuierait, moi, une femme si grande, c'est tout un monde à parcourir; mais lord Fingal est vraiment beau, c'est le dieu même de la jeunesse; mais d'où sort-il? A-t-il de la fortune, pourquoi voyage-t-il? Pour son agrément ou celui des autres?

D'Héloé. — Mais vous devenez pernicieuse...

Mme Baringhel. — Oh! ces Anglais, tout est possible avec eux; et puis, un homme si beau... Enfin, que fait-il dans ce ménage, pupille de monsieur ou amant de madame! Moi, il me fait l'effet de Dorian Grey.

D'Héloé. — Et vous osez dire que vous êtes réfractaire à Tunis!

TUNIS MYSTÉRIEUSE

En proie, telle qu'elle est, à son armée de guides et de courtiers pisteurs uniquement préoccupés d'exploiter l'étranger, Tunis est peut-être la ville de toute la côte barbaresque que connaissent le moins les touristes. Guettés et happés à la porte des hôtels par la bande des vautours, les nouveaux débarqués dans la ville des beys ne seront promenés et conduits qu'aux seuls endroits où leurs convoitises attisées, leurs goûts séduits et leurs caprices tentés pourront les entraîner à délier les cordons de leur bourse, partout où le pisteur aura flairé l'occasion d'un achat.

Resteriez-vous un mois à Tunis, si vous êtes tombé entre leurs mains, trente matins ils vous conduiront dans les souks, et par de nouvelles rues et d'imprévus détours vous ramèneront invariablement chez Djemal ou Piperno, chez Barbouchi ou Boccara; et chaque matin, de onze heures à midi, quelque désir que vous ayez manifesté d'aller ailleurs, vous vous retrouverez assis devant l'inévitable tasse de kahoua, au milieu des gestes enveloppants et des caresses de langage d'un des quatre marchands nommés déjà. « Un tapis, sidi, pas cher, une occasion parce que c'est toi. Veux-tu ce cimeterre? Il est joli, c'est une lame de Damas, et ce coussin de soie brodée d'Asie, pour toi pas cher, parce que toi bon ami. Moi rien gagner sur toi, moi faire affaire pour le plaisir », et c'est l'antienne dont on rabattra tout un mois vos oreilles, jusqu'à ce que les vautours vous aient jugé à sec.

En votre qualité de *roumi*, vous êtes taillable et corvéable, vous devez payer tribut aux seigneurs des souks; c'est pour ici et non ailleurs que la sagesse des peuples a promulgué le proverbe : *La conquête dévore le conquérant...* A peine vous permettront-ils une excursion à Carthage, où vous verrez peu de chose en dehors de la cathédrale des Pères Blancs, beaucoup de souvenirs et peu de vestiges, une journée au Bardo, qui s'amoindrit de jour en jour et perd tout caractère sous prétexte d'embellissement, peut-être quelques heures à Hammam-Lif, qui seront une déception, malgré le beau panorama de la montagne de Plomb, du Bou-Cornin et du Zaghouan, et encore autoriseront-ils ces déplacements, ces heures volées aux achats qu'ils espèrent, parce que ces excursions nécessitent une voiture, et là-dessus ils trouveront le moyen de griveler et de gagner sur vous. Ce seront des arrangements à compte à demi avec des cochers de leur choix ; on vous demandera quinze et vingt francs pour une promenade de trois heures, tarifées à trois francs, si bien que, toutes vos minutes passées sur le territoire de l'ancienne cité de Thounes auront engraissé peu ou prou la bande en chéchia et en gandoura bleue des courtiers-vautours.

Et notez que je n'exagère pas. J'ai connu des Parisiens demeurés vingt jours à Tunis et qui, dans une ville de cent cinquante mille âmes, dont quatre-vingt mille Arabes et quarante mille juifs, ne connaissent, en dehors des souks, que la rue de la Kasbah qui y mène, la rue Halfaouine qu'il faut longer toute pour aller au Bardo, et le Dar-El-Bey, le petit palais où le bey vient tous les lundis rendre la justice, le Dar-El-Bey classé parmi les curiosités du Bœdeker pour sa terrasse d'où l'on embrasse toute la vue de Tunis, offerte là avec ses monuments, ses rues et ses mosquées, et son vieux mur d'enceinte, jusqu'au petit port de la Goulette, apparu sur le bleu de la Méditerranée, au delà du vert limoneux de son lac.

Et, pourtant, que de mystère et de silence dans certains quartiers de cette Tunis ouverte aux paquebots, grouillante de garnison, et, trois fois par semaine, envahie d'un nouveau flot de touristes! car il existe, et cela à la sortie des souks et à cent mètres de la Porte de France, une Tunis d'Orient, une Tunis bien plus d'Asie que d'Afrique, avec ses hautes demeures verrouillées et grillées comme autant de forteresses, la Tunis des Arabes riches, longues façades aveugles, uniformément blanches, avec leurs larges portes cintrées aux vantaux de bronze oxydé et verdi, la Tunis du siège de saint Louis, la Tunis des Croisades, la Tunis apparue comme la clef d'or de l'Orient mystérieux aux rois-chevaliers de la chrétienté, la Tunis dont les murailles sarrazines connurent, avant les reîtres de Charles-Quint, les gonfaloniers de Venise et les archers de Barberousse.

Cette Tunis du moyen âge, qui m'avait échappé lors d'un premier séjour, et qu'une heure de désœuvrement m'a fait découvrir en rôdant au hasard à travers les rues, aucun guide ne vous l'indiquera, car elle n'existe pas pour eux. On n'y vend ni bibelots, ni étoffes curieuses. En dehors d'une unique voie réservée aux marchands de comestibles et tous de race indigène, on ne vend rien dans le morne quartier de l'aristocratie maure.

Ce sont, coupées d'angles et de retraits, de longues suites de voûtes, on dirait millénaires, tant les motifs de leurs piliers ont disparu sous les couches de chaux successives : longs couloirs crépusculaires, ils semblent creusés dans de la marne, avec des détails de sculpture, chapiteaux et colonnettes, comme noyés dans des blancheurs crayeuses et, de place en place, réapparus et resurgis. On sent que des siècles dorment là dans la pénombre et la poussière des siècles; et du mystère, et de la religion aussi.

Puis ce sont, profondes comme des puits, d'étroites rues à ciel ouvert : de grands murs les bordent, où surplombent très haut des moucharabiehs, tandis que, en contre-bas du sol, s'enfonce, dans un jour de soupirail, une large porte en plein cintre ; et, par l'entrebâillement, des piliers coloriés apparaissent, des lueurs de mosaïques éclairent une ombre de caverne ; et c'est sur un banc l'immobile rêverie d'un portier indigène, en veste et culotte bouffante, ou bien, le long des murs, accroupis, les capuchons et les burnous fantômes des familiers de la maison, et c'est le vestibule d'un riche, le riche qui, à Tunis et à Alger, a ses clients qu'il protège et nourrit, tout comme un patricien avait les siens à Rome.

Ici, l'Islam n'a pas bougé. Le Progrès, cette hélice, n'a pas même effleuré cette mer figée, la Tradition... et le mystère des voûtes recommence interrompu par des rues, jusqu'à ce qu'un lourd bâtiment sans fenêtre, enjambant la chaussée, fasse renaître et les voûtes et leur clair-obscur; et qu'elle soit couverte ou libre, la rue, ici, ce sont toujours les mêmes logis fermés, les mêmes façades aveugles et hostiles à l'Europe, les mêmes murailles spectrales où un subit renflement de grillage indique seul l'appartement des femmes, les femmes ici recluses et retranchées de la vie; et c'est partout le même aspect de maisons forteresses où règne en souveraine la loi du bon plaisir, le bon plaisir de l'homme seigneur et tout-puissant, et, de par le Coran, maître de la vie et de la mort.

D'ailleurs, aucun mouvement; les maisons silencieuses bordent des rues muettes, des rues aux passants rares, où je sens que ma présence inquiète et surprend. Aucun Européen ne s'y rencontre, et pourtant le quartier des Siciliens est tout proche...

Je vague et je rôde, seul de ma race et de mon costume, dans la torpeur d'une ville enchantée; les quelques burnous que je croise sont rayés de soie et d'une parfaite blancheur, des burnous de riches; ils s'écartent à peine sur des gandouras à passementeries lourdes et des vestes de moire, et tous ici portent le turban. Ils passent de loin en loin, majestueux et calmes, avec, à ma vue, un imperceptible dédain dans leurs larges prunelles noires, et c'est là tout ce que soulève mon intrusion de roumi. Parfois, une main ossifiée se tend hors d'un paquet de guenilles. Echoué contre un pilier, c'est un mendiant indigène qui demande l'aumône.

Le capuchon rabattu sur ses yeux, ses yeux le plus souvent obscurcis de taies, il ne sait même pas qui il implore; il a perçu un bruit de pas et machinalement a tendu la main, et pourtant des regards me guettent du haut de ces demeures qu'on croirait inhabitées, et ce sont des regards de femmes; mais les grillages peints en vert des moucharabiehs les dérobent, elles, à tous les yeux, et je ne les verrai jamais, jamais! Et, dans le silence de ce quartier léthargique, ce mot *jamais* grandit et stupéfie, lourd de je ne sais quelle épouvante : jamais? Jamais je ne connaîtrai les visages aux sourcils croisés et aux paupières peintes de ces femmes, de ces indolentes et ennuyées recluses dont ma curiosité de touriste aura distrait quelques instants le loisir; et c'est à travers les mêmes rues blanches et monotones, mais dont l'aspect change et se transforme tous les dix pas par l'imprévu des retraits, des impasses et des angles, un émerveillement continu de l'esprit, un perpétuel ravissement de l'œil, une incessante mise en éveil de l'imagination amorcée par de nouveaux décors. Je marche dans de la réalité et dans du rêve, et tous les costumes rencontrés ajoutent encore du pittoresque au mystère du cadre.

..... Un porteur d'eau indigène heurte à une porte close, un vantail clouté de fer s'entrebâille et l'embrasure encadre une vivante statue de bronze, et c'est l'éclair de deux yeux d'émail dans une face brune enturbanée, et ce sont, pareilles à deux massues de vieux buis, les jambes fauves et sèches sous la culotte bouffante, et l'harmonie du geste qui tient la cruche de cuivre appuyée à l'épaule..! ce geste millénaire qui n'a pas changé depuis des siècles et que les touristes de l'avenir retrouveront dans deux mille ans. Mais l'impression persistante, obsédante de cette promenade à travers un quartier de torpeur est qu'on y marche entre des cloîtres, qu'on y dérange des rêveries de harem, qu'on y peuple peut-être d'un monde de regrets des cerveaux enfantins de captives ; car, pour toutes ces femmes d'Orient, l'Européen entrevu par leur fenêtre treillissée et peinte, c'est Paris; Paris, la ville unique, Paris, centre de l'univers, Paris, la ville de luxe et de plaisir, où les femmes sont libres; Paris, dont elles adoptent les modes attardées, Paris, dont les princesses beylicales font venir maintenant leur mobilier et leurs tapis, oui, leurs tapis... elles si près de l'Asie et plus proches de Kairouan.

Un regret, moins qu'un regret, un regard deviné, soupçonné derrière le renflement grillagé d'une fenêtre, voilà tout ce que l'Européen peut connaître de la femme d'Orient, car les masses empaquetées de voiles et trébuchantes, que vous croiserez à travers les rues des villes barbaresques, sont des servantes ou des femmes d'artisans : la mauresque née ne sort jamais à pied, jamais, même pour aller au cimetière et aux bains...

Parfois, une antique voiture, un trot de chevaux piaffeurs ébranlent d'un bruit de ferrailles une voûte séculaire; sur le siège, un cocher nègre triomphe dans des oripeaux de soie combien fanée, mais des stores de soie jaune sont strictement tirés sur toutes les glaces : ce sont des femmes arabes qui vont au jardin, le jardin que tout Tunisien de marque possède aux environs de la ville, à Bou-Saïd, le petit village bâti sur les ruines de Carthage, à l'Ariana, à la Manouba, ce Saint-Germain de la cour des beys.

Vous n'en verrez jamais plus; tout ce que vous pourrez tenter dans ce but sera peine perdue. Il n'y a que dans les romans de poète qu'un œillet rouge tombe des moucharabiehs ouvragés et dorés sur le front du *roumi :* vous ne rencontrerez pas d'Aziadée à Tunis, mais si la femme se dérobe, invisible, intangible, et demeure l'énigme blanche de ces hautes demeures, le cadre n'en subsiste pas moins puissamment évocateur... et par le labyrinthe des ruelles et des places, le charme de l'Orient continue et, s'affirme et s'impose et grandit, il opprime même un peu à la longue, ce charme, à la manière d'un philtre ou d'un songe d'opium.

Sur les angles et les pans-coupés de très hautes murailles, un ciel pâlement bleu (car la pluie a cessé) met la mélancolie d'un ciel d'avril du Nord; les fines mousses verdâtres, dont l'humidité revêt comme d'une lèpre les maisons de Tunis, semblent ici, dans ce quartier des riches, des motifs de jaspe et même de malachite introduits dans l'architecture : une Tunis blanche et verte, d'une préciosité de tons infinie, a surgi, une Tunis un peu étrange à la façon d'une ville-fée. Dans certains endroits, la rue se campe comme un décor, et c'est ici tout un coin de Stamboul évoqué par cinq dômes d'émail sous leur revêtement de tuiles luisantes et vertes, cinq coupoles vernissées mamelonnant soudain au milieu d'une placette encadrée de palais aux treillages vermoulus, des palais inhabités peut-être...: le monument élevé sur les tombeaux des beys, m'a-t-il été appris depuis.

Plus loin, c'est un carrefour hallucinant par l'angle de très hautes murailles, coupées en second plan par de plus hauts bâtiments encore. Cela s'échafaude comme des tours, des poutres sortent des frises soutenant des moucharabiehs qui surplombent, des fenêtres grillagées s'ouvrent presque en plein ciel, puis une voûte s'enfonce dans un mur où la rue disparaît engouffrée, et cela tient du coupe-gorge et aussi du précipice. C'est effarant de profondeur et inquiétant comme une menace; des âniers, heureusement, débouchent de cette voûte ; ils ont des jonquilles piquées sous leur chéchia, et leurs cris d'*arroua* me rassurent.

Rue du Riche, enfin (une rue que je signale à l'étranger de passage à Tunis, car aucun pisteur ne l'y conduira et elle ne figure dans aucun guide), une kouba, un tombeau de marabout, comme il en surgit à chaque pas au pays de l'Islam, dresse, au milieu de retraits et de cours et d'impasses, une coupole et des cubes de chaux si délicieusement tachés de veinures et moisis, qu'elle en devient une espèce de joyau, de mosquée séculaire et magique, une architecture de féerie. Du jade ou du plâtre? on ne sait plus, tant le renflement du dôme et la voussure du porche, tant les piliers eux-mêmes sont délicatement épousés par les mousses, tant la chaux des murailles est pittoresquement marbrée et de glauque et de vert.

Plus haut, c'est l'ancien mur d'enceinte avec ses jardins plantés de poivriers et d'eucalyptus, jardins à l'abandon avec des éboulis de terre crevant de place en place, des murailles effondrées, toute l'incurie de l'Islam ; puis les tanières des prostituées arabes, car la caserne de la Kasbah est proche et nous sommes près des remparts... Mais voici de larges braies de zouaves et de hautes chéchias de spahis; des sonneries de clairon s'entendent; nous rentrons en France; et Tunis mystérieuse ici s'évanouit.

SOUSSE

Vendredi 21 janvier.

Sousse, l'ancienne Hadrumète de Jugurtha, *Soussa* (le ver à soie, en langue arabe), Monastir, Sfax, Gabès, Djerba, l'ancienne île de Calypso selon les uns, l'île des Lotophages, selon les autres, et enfin Tripoli, Tripoli de Barbarie! le Tripoli des corsaires, des expéditions espagnoles et de la Princesse lointaine! Comme ils chantent l'invitation au voyage, tous ces noms de villes barbaresques de la Tripolitaine et du

Sud tunisien, les unes au milieu des palmiers de leurs oasis, les autres encerclées dans leurs hautes murailles, toutes nonchalamment couchées dans le miroitement des sables et surtout dans le mirage des lieues, et des lieues et des lieues, qui grandissent, déforment et magnifient les décors ; toutes blanches comme Sousse, dont le premier nom était la Perle en turc, et, comme un fil de perles, en effet, essaimées le long des grèves blondes au bord de la mer bleue, sous la flamme implacable de l'azur africain.

L'azur africain ! Il nous fait encore aujourd'hui banqueroute. Nous avons quitté Tunis sous une pluie battante, et c'est sous une diluvienne ondée que nous entrons en gare de Sousse. Cinq jours de mer pour gagner la Tripolitaine, avec escales de cinq ou six heures devant chacune des villes déjà citées (car, vu les basses terres et les fonds ensablés, Sfax est le seul port où l'on aborde à quai), cinq jours de mer. Nous avons coupé la poire en deux. Malgré la lenteur des chemins de fer tunisiens et l'horreur de quatorze heures de diligence, nous gagnerons Sfax par voie de terre et ne ferons escale que devant Gabès et Djerba.

Ah! les voyages ne sont pas faciles dans le Sud tunisien, et la mélancolie de toute cette région, d'une platitude de dunes, avec la mer grise reparaissant toujours à l'horizon, la mer de plomb au-dessus du vert glauque des figuiers de Barbarie ou du vert argenté des vergers d'oliviers! et c'est là l'invariable et monotone paysage, oliviers et cactus, cactus et oliviers. De pâles montagnes surgissent parfois à notre droite, mais si atténuées et si blêmes qu'on dirait des nuées; à notre gauche, c'est la bande de mer sablonneuse au-dessus des cultures hérissées de nopals, tout un pays d'un vert bleuâtre, et, çà et là, des êtres couleur de boue, des Arabes haillonneux accroupis sous la pluie, leurs pieds nus dans la main; des enfants aux yeux de bête; des petites nomades, bergères en guenilles de chèvres et de bizarres moutons à tête noire : une humanité qui semble avoir pris à la longue les tons ocreux de la terre et des sables. Des troupeaux de chameaux errent en liberté. Qu'on juge de l'incurable mélancolie de la campagne de Tunis!

Deux villes, ou plutôt deux villages, pourtant. Kalla-Scirra et Kalla-Kebira apparaissent tour à tour à une heure l'un de l'autre : assez bibliques d'aspect avec leur entassement de terrasses et de koubas, ils étalent à l'horizon comme une étrange jonchée de débris de terres cuites et de vieux alcarazas; fauves et ruineux, ils sentent l'incurie, la misère et cependant, de loin, ils ont un air de populeuses cités. Tel est, même sous la pluie, le mensonge de ces pays d'Orient.

Incidents. Nous croisons un enterrement arabe : une bande d'indigènes trottine sous la pluie avec, sur leurs épaules, le mort roulé dans une vieille natte. Si le mort ne leur glisse pas des mains, il y a miracle. Ils sautillent à travers les flaques d'eau, se retroussent pour enjamber les fondrières, et le cadavre a l'air de voguer sur sa civière, tel un ballot d'alfa sur un bateau marchand, et le ciel est crevé sous l'averse. Je reverrai longtemps cet enterrement...

Une demi-heure avant, nous avions écrasé un veau, le petit veau cher à M. Francis Jammes; il vaguait, le cher veau, à travers les nopals, sans souci du train et de sa locomotive, car, ici, la voie ferrée court sans palissades à travers les cultures. Dans le compartiment voisin du nôtre, deux chanteuses de café-concert, deux étoiles pour beuglants de Sousse et de Gabès, criaillent à tue-tête :

> C'est le sire de Fiche-Ton-Camp
> Qui s'en va-t-en guerre !

Il retarde un peu, le répertoire des deux Florise errantes du Sud tunisien; mais les sous-offs, tirailleurs et spahis, dont elles distrairont les ennuis, n'y regardent pas de si près, les pauvres ! Si démodées qu'elles soient, ces dames seront encore l'article de Paris, article de Paris pour bazar de Tunis.

Samedi 22 janvier.

Soussa. Elle était si blanche et si belle, si lumineuse sous la clarté du ciel, au bord de la mer bleue que le gouverneur turc l'avait surnommée la *Perle*, et, afin que nul n'en ignore, il fit suspendre dans l'arche de sa principale porte une grosse perle au bout d'un fil de soie. Ainsi, tous ceux qui viendraient dans la ville apprendraient son nouveau nom. Pendant un mois, la perle étincela, respectée, telle une goutte de lait, dans le clair-obscur des voûtes; puis, une nuit, vint un passant qu'elle tenta.

Le premier qui s'aperçut du vol fut un Arabe de la plaine, qui venait vendre en ville un chargement de dattes; il courut à travers les rues en s'écriant : « *Soussa*, un ver à soie a rongé le fil! » Et comme c'était un matin de marché, tous les autres Arabes, dont la ville était pleine, se répandirent à travers les souks et les mosquées, répétant à grands cris : « *Soussa*, un ver à soie a rongé le fil, *Soussa !* »

Le temps a marché : la ville turque possède une garnison française, le 4⁰ tirailleurs, dont les rouges chéchias et les grègues bouffantes dévalent à toute heure entre ses rues montantes, vrais raidillons de chèvres bordés de maisons basses, les unes avec des marches, comme certaines rues d'Alger, les autres en couloirs dominés de grands murs, mais toutes boueuses, sordides et l'air de coupe-gorges, avec leurs angles et leurs retraits d'impasses, leurs appentis surplombant dans le vide, leurs coins d'ordure et les arches enjambant les passages étroits; car Sousse n'a plus de blanc que ses murailles, ses hautes murailles sarrasines aux créneaux en queue d'aronde, avec, de place en place, la brusque avancée d'une tour; un vrai quadrilatère de hautes palissades maçonnées et blanchies, où la ville s'entasse et dégringole de la Kasbah à la mer, tel un énorme et fantasque escalier dont chaque maison serait une des marches.

C'est cet écroulement de logis arabes, ce panorama de cubes et de dômes de chaux que nous découvrons du haut de la Kasbah, l'ancien palais du gouverneur. De là, ce sont les mille et un degrés effrités et ruineux d'une immense pyramide, mais d'une pyramide tronquée et entourée de murs, les fameux murs d'enceinte que nous retrouverons dans toutes les villes de la Barbarie, ceux-là même que Tissot a peints, si verticaux, dans ses aquarelles pour les *Évangiles*.

Elles ne résisteraient pas à une bombe, ces rébarbatives murailles, mais elles ont un fier caractère, et ce qu'elles donnent à Sousse, ville de garnison française, un aspect barbaresque et de cité-pirate est saisissant. Surtout par ce ciel brouillé avec, au loin, cette mer démontée et houleuse, elle est, aujourd'hui encore, on ne peut plus nid de forbans, l'ancienne *Perle* turque, dont un *ver à soie* rongea le fil, et ce que la Kasbah, d'où nous l'admirons, a l'air d'un repaire !...

Des esclaves chrétiens ont dû jadis peiner sous ces voûtes. Mais une sonnerie de clairons, celle du camp voisin, annonce l'heure de la soupe; un convoi de chameaux défile lentement sous la porte de Tunis, une porte encombrée de mendiants et d'indigènes accroupis, comme toute porte de ville arabe; ils attendent le moment où le soleil va disparaître, car c'est ce soir même que le Rhamadan commence. Ce soir, à la même minute, un coup de canon l'annoncera dans toutes les villes de l'Islam... Le Rhamadan, jeûne de jour, fête de nuit, la grande fête religieuse musulmane.

Actualités. Le lieutenant-colonel Picquart, le prisonnier du Mont-Valérien, était encore, il y a trois mois, en garnison à Sousse; le commandant Esterhazy y servit longtemps; enfin, le seul bazar où l'on puisse à peu près s'approvisionner, dans la ville européenne, s'appelle le bazar Dreyfus : bazar Dreyfus aussi, le seul bazar de Sfax.

C'est peut-être là que M. Émile Zola aurait pu recueillir les meilleurs documents pour l'œuvre de revendication qu'il poursuivait, et les plus sûrs arguments pour sa propre défense.

Dimanche 23 janvier.

Un immense cri a salué le coup de canon annonciateur, et dans la même minute, trente mille Arabes ont allumé leur cigarette, car le musulman ni ne mange, ni ne boit, ni ne fume du lever au coucher du soleil, en période sainte du Rhamadan. Douze heures de jeûne absolu, douze heures de privation terrible dans ce pays de la soif; mais, le soleil tombé, quelles agapes, quelles bombances de beignets à l'huile, de gâteaux frits, de pain, de dattes, de couscous et de ces énormes pâtisseries dont Arabes en burnous et nègres en chéchias se disputent les morceaux d'échopes en échopes!

Les rues regorgent d'une foule gesticulante et bavarde : foule dans les cafés maures, foule chez les barbiers, foule dans les mosquées, dont les portes entr'ouvertes laissent voir des files de dévots agenouillés se prosternant avec l'ensemble d'un corps de ballet italien, tous les fronts touchant en même temps la terre, toutes les mains pointant en avant à la même seconde vers le verset inscrit.

Illumination des minarets. Devant les boutiques aux aspects de tanières, ce sont des attroupements d'Arabes, d'Arabes marchandant qui des légumes, qui des épices, qui du poisson. Tous s'approvisionnent pour le légendaire repas de deux heures du matin, car, en Rhamadan, le croyant mange toute la nuit. Et ils vont et ils viennent à travers les rues puantes, indescriptible et remuant fouillis de bras, de pieds nus et de faces brunies sous des burnous trempés de pluie; des derboukas tonnent dans les cafés maures; des querelles s'élèvent autour de l'étal écœurant des bouchers, des mélopées assourdissent les mosquées, et dans les souks, les souks de Sousse, voûtés, dallés et plus étroits que ceux de Tunis, règne une animation de ruche, un fébrile affairement de fourmilière. Toutes les boutiques y sont ouvertes comme en plein jour, leurs marchands y trônent en parade et vêtus d'habits de fête; tous ont allumé la lampe à pétrole de leur devanture, d'autres lampes éclairent, suspendues aux voûtes, et, par les couloirs illuminés, c'est, à n'y pouvoir jeter une aiguille, un entassement d'Arabes de tous costumes et de tous rangs, tirailleurs indigènes, nomades de la plaine, vieillards et enfants.

A Sousse, les boutiques des souks sont bordées de bancs en mosaïque, qui courent le long des échopes. Ce soir, c'est sur ces bancs un enchevêtrement d'Arabes couchés les uns sur les autres, un inoubliable tassement d'indigènes devant les cafés maures ; des chaises débordent dans la travée ; dans le souk aux étoffes, ils ont installé un piano à même la chaussée ; un juif y est assis, qui joue, et les croyants l'écoutent. Une guenille errante, une face d'outre-tombe va de-ci, de là, en marmonnant je ne sais quelle prière ; la loque spectrale agite devant elle une vieille boîte à conserve où sonnaillent des sous : « *Marabout, marabout*, me chuchote le tirailleur qui a bien voulu me servir de guide ; *Marabout*, saint homme, vénéré, aveugle : donne *soldi*. »

Et je donne *soldi* comme les indigènes ; pas un ne refuse l'aumône à l'étrange escarcelle du saint marabout !... Mais comme pas mal de mollets en bas blancs, de chéchias sans turban et de culottes bouffantes, dans cette foule d'Islam. « Mais il y a beaucoup de *youdi*, il me semble, dans ta fête arabe », ne puis-je m'empêcher de dire à mon tirailleur. Alors lui avec un geste d'enfant. « Ah, tu sais, le juif, il est partout : fête arabe, le juif est avec l'arabe, fête chrétienne, le juif est avec vous ».

COMMENT ELLES VOYAGENT

LE 30 JANVIER DE MADAME BARINGHEL

Neuf heures et demie du soir, à Sousse, dans les terrains vagues qui avoisinent la gare ; ténèbres et flaques de boue. Mme Baringhel et d'Héloé, très mackintosh, errent à tâtons sous la pluie ; une charrette poussée par un nègre les suit, leurs bagages sont empilés dessus ; derrière la charrette, Harry, le valet de chambre de d'Héloé, et Maria, la femme de chambre de Mme Baringhel. Au loin, derrière les remparts, le tohu-bohu des fifres et des derboukas du Rhamadan ; un garçon de cuisine de l'hôtel du Sahel précède la lamentable caravane.

— Je suis trempée jusqu'aux genoux. Vous en avez eu, une lumineuse idée, de prendre cette diligence. — Mais vous craignez la mer, chère amie. — Je crains encore plus la boue.

Comment, votre ville n'est pas plus éclairée?
— Le gaz, il est promis pour l'année prochaine; il y a du pétrole dans la ville arabe. —
Tout pour les Arabes, et ce tapage! je n'ai pu
fermer l'œil de la nuit, et comment allons-nous
passer celle-ci? — Mais très bien, vous verrez;
en coupé, on dort toujours, et puis, ce n'est
pas banal, en l'an 1898, une nuit passée en
diligence. — Bon! encore une flaque d'eau, je
prends la mort dans ce marécage; est-ce encore
loin? — Tout près, madame, après le cimetière,
quand nous serons sortis. — Comment, nous
sommes dans un cimetière, mais c'est fou à
vous, d'Héloé, dans un cimetière arabe, à minuit. — Je vous ferai observer, chère amie,
que le courrier part à dix heures et qu'il est
juste neuf heures et demie. (*Silence; tout à
coup, des hurlements lugubres.*) — Ah! mon
Dieu, qu'est-ce que cela? — Aie pas peur,
madame, c'est les chiens des Arabes; ils promènent toute la nuit en liberté sur les terrasses, parce que l'Arabe, il est très voleur. —
Très voleur! Maria, ayez l'œil aux bagages;
alors, l'endroit n'est pas sûr? — Pas sûr du
tout, madame; ici, l'Arabe, il assomme avec sa
matraque; mauvais pour les roumis à dix

heures du soir. — Vous entendez, mon cher, c'est un coupe-gorge. Ah! vous êtes bien coupable; où sommes-nous, mon ami? — Mais à la gare, ne pleurez plus! Sauvés, mon Dieu, sauvés!

C'est devant un petit jardinet une baraque de planches, bureau sommaire et plus sommaire salle d'attente, où deux Arabes en guenilles pèsent des malles et des colis. Public de Maltais bottés jusqu'au ventre et d'indigènes encapuchonnés. Sous la pluie, haute comme deux étages, une fantômale diligence pas encore attelée. Elle a bien cinquante ans d'usage, des ferrailles pendent de dessous sa caisse jaunâtre comme des entrailles crevées; une bande d'Arabes entourent immédiatement les arrivants, s'emparent, avec des cris, de leurs bagages. Mme Baringhel est atterrée.

— Mais c'est le Courrier de Lyon, nous allons monter là-dedans? — Sans doute. — Vous voulez nous faire assassiner. — *D'Héloé aux Arabes* : — Barra, barra, baleck, gare les coups de canne, allons, chassez-moi ces vermines. (*Des Maltais interviennent et arrachent les bagages des mains des indigènes; d'Héloé les fait peser et enregistrer. — Mme Baringhel à sa femme de chambre :*) — Ma pauvre Maria, où sommes-nous? — Le fait est que nous sommes loin, madame. — Ah! que ne t'ai-je écoutée, ah!... D'Héloé, vous m'assurez qu'il n'y a pas de danger. — Mais aucun, d'ailleurs, les conducteurs sont armés. — Comment, ce sont ces gens-là qui vont nous conduire, ces faces de bandits. — Allons donc, l'un est Basque, et l'autre Maltais, je me suis déjà informé. — Et ils sont armés? — Jusques aux dents; chacun a deux revolvers. — Mais alors, c'est très dangereux. — Non, mais en somme, c'est le courrier. — Vous êtes gai. — Mais on ne l'a encore jamais attaquée, cette diligence. Pourquoi voulez-vous que... — Il y a commencement à tout. — Naturellement, tout arrive; je crois qu'il est temps de nous embarquer. — Mon Dieu, mon Dieu, et nous arriverons à quelle heure, demain, à Sfax? — Midi, madame. — Alors, ça fait? — Quatorze heures, peut-être quinze, madame, car les routes sont défoncées. — Alors, nous pouvons verser? — Mais non, mais non, il y a cinq chevaux. Allons, montez. — Et verrons-nous au moins les arènes d'El-Djem? — Oui, nous y passerons à six heures du matin, je me suis informé; voyons, ça ne vous console pas de voir en pleine brousse un cirque romain plus beau que le Colisée? — Oh! toute une nuit en diligence pour voir des arènes ruinées, comme j'ai eu tort de vous écouter. Bonsoir, Maria.

Mme Baringhel se décide à monter. Dans le coupé, d'Héloé et Mme Baringhel.

— Etes-vous bien, avez-vous les couvertures? — Oui, pas mal, arrangez-moi seulement l'oreiller; vous avez mon flacon, non pas celui de sel anglais, l'autre; merci. Ah! voulez-vous m'envelopper les pieds avec la fourrure? — Vous devriez vous déchausser. — Comment, vous permettez? — Certainement; voulez-vous que je vous aide? — Ah! quand vous voulez, vous savez tout faire. — Je vous avais bien dit que vous seriez à merveille; avouez que c'est gentil tout plein, ce voyage en coupé; il me semble que je vous enlève. — Un voyage de noces; mais nous ne partons pas. Qu'est-ce qu'ils attendent? — Mais on arrime les bagages et les Arabes s'installent sous la bâche. — En effet, mais ils vont nous tomber sur la tête; quel fracas, j'ai les oreilles cassées. — Un peu de patience. — Comme ils piétinent là-dessus, combien sont-ils sur notre tête? — Mais trois indigènes, les deux conducteurs, ça fait cinq. Ah! on hisse la vieille femme. — Quelle vieille femme? — Mais la vieille Fathma, ce paquet d'étoffe tout à l'heure accroupi à l'entrée du bureau, le vieux ménage indigène qui réclamait tant pour un soldi. Dieu! que c'est pénible! regardez-la monter. Un, deux, bon! Elle perd une babouche, ah! elle la rattrape, mais manque le marchepied; enfin, c'est fait, et sans poulie. — Ça fait sept alors, làhaut, sur notre tête, et tout ce monde-là est plein de puces, n'est-ce pas? — Oui, mais elles ne traverseront pas le plancher. Allons, nous partons. Riez un peu, soyez gaie :

> La diligence
> Part pour Mayence,
> Bordeaux, Florence,
> Et tous pays.
> Les chevaux hennissent,
> Les fouets retentissent,
> Les vitres frémissent,
> Les voilà partis.

Mme BARINGHEL, *avec soupir*. — C'est beau, la jeunesse.

Dix minutes de trot; tout à coup, brusque arrêt : la diligence est entourée d'une nuée de fantômes en burnous. Un des conducteurs dégringole du siège et s'évanouit dans la nuit. Cris, tumulte; on est au pied des remparts de Sousse, auprès d'une tour éventrée; la mer striée d'écume mugit, l'endroit est assez sinistre.

— Ah Jésus Maria! on arrête la diligence.
— Mais non, on apporte les dépêches et le

courrier. Voyez, on hisse les sacs. — Jamais nous n'arriverons vivants ; moi, mon cher, je n'ai plus une goutte de sang dans les veines. — Quelle imaginative vous faites! vous auriez été un romancier de génie, c'est une carrière manquée. — Raillez, goguenardez, on pourrait trembler à moins; le décor est lugubre. — Mais nous sommes aux portes, attendez au moins que nous soyons en pleine campagne; là, vous pourrez vous suggestionner. Bon ! un Arabe qui tombe! — Non, du haut de la diligence ? — Presque, l'imbécile a voulu sauter. — Et? — Il ne peut se relever. En voilà un autre qui lui tire la jambe. Voyez ce pied nu d'Arabe, cette jambe de coq, ce tibia de momie! S'il n'a pas la cuisse cassée! — Et personne ne l'aide, ce pauvre homme! aidez-le, descendez, d'Héloé; conducteur! descendez. (*M*ᵐᵉ *Baringhel, très émue, frappe aux vitres.*) — Bah! un Arabe, ça ne compte pas; pouvait pas demeurer tranquille? Qu'il se débrouille, peut bien crever là, c'te charogne, des bicots, y en a toujours assez. — D'Héloé, cet homme est indigne et vous aussi, j'ai le cœur soulevé. — Le fatalisme oriental, ma chère amie, nous sommes dans l'Islam. D'ailleurs, voilà notre homme remonté, ç'a été dur, mais ça y est; nous partons, conducteur? — Oui, monsieur. — Maintenant, chère amie, il faudrait s'arranger pour dormir. Bonne nuit et jusqu'à El-Djem, huit heures sont bien vite passées.

Deux heures après, en pleine brousse, dans une plaine, oh! combien morne plaine.

— D'Héloé, d'Héloé? (*D'Héloé se réveille en sursaut.*) — Qu'est-ce encore? — Cette fois, nous le sommes, mon ami, on détcle les chevaux, la diligence est bel et bien arrêtée. Ah! qu'allons-nous devenir? — Mais c'est le relai, chère amie. Il y en a quatre d'ici El-Djem et trois d'El-Djem à Sfax; il va falloir nous y habituer; celui-ci est le premier. — Quatre alertes comme ça, en pleine nuit, me voilà fraîche! Je ne pourrai fermer l'œil. Oh! ce voyage en diligence, quelle infernale idée. — Moins infernale que vous, je vous assure. Vous avez le diable en vous déchaîné. On repart... Bonsoir! Bonne nuit! Il faut dormir. — D'Héloé, vous devenez grossier. — Mais oui, mais oui... Bonne nuit! Bonsoir! (*D'Héloé s'enveloppe dans ses couvertures; il s'endort.*)

Une heure après.

— D'Héloé, monsieur d'Héloé? — D'Héloé, *bâillant :* Qu'est-ce encore? — Voyons, secouez-vous, j'en ai assez moi, de vous regarder dormir. — D'Héloé, *résigné :* Qu'y a-t-il? — Vous avez manqué un spectacle féerique, mon cher, nous venons de traverser une forêt d'amandiers. — Pas possible! c'était joli? — Si c'était joli! ils étaient en fleurs, jugez, le clair de lune là-dessus... un décor en filigrane, un rêve argenté. — Alors, vous êtes contente? — Très contente. — Eh bien, remerciez-moi et laissez-moi reprendre mon somme; je tombe de fatigue, moi. — D'Héloé, d'Héloé! (*Mais M. d'Héloé ne veut rien entendre; il s'endort.*)

Deux heures après.

— D'Héloé, mon ami. — Bon, voilà. — Dites-moi, cela me travaille depuis Tunis et je ne fais qu'y songer. — Vous dites? — Oui, que pensez-vous de la situation du jeune Fingal dans le ménage de Quray; c'est l'amant de Madame, n'est-ce pas? — Dame, je ne le vois pas de Monsieur, à moins qu'il ne soit l'amant de personne; ces choses-là se sont vues. —

C'est bien improbable; n'empêche qu'ils nous ont lâchés. — Vous étiez si aimable pour eux. — Moi, les Anglais m'énervent, et vous? — Quelquefois; moins que les Français, pourtant. — Est-ce vrai que dans les bains maures, quand on veut courir des... dangers... — Vous dites? — Oui, quand on veut... vous me comprenez, il suffit de parler anglais? — Anglais? — Et alors, immédiatement toutes les audaces... — C'est pour cela que vous m'avez éveillé? vous ne manquez pas d'estomac; bonsoir.

Six heures du matin, dans la plaine d'El-Djem; la masse énorme des arènes se profile en noir sur un ciel rose pâle, lavé par la pluie; des nuées d'un or blême, plates et longues, tels de fantastiques et gigantesques lézards, s'étalent à l'horizon, qui, d'abord rose, tourne au bleu turquoise au zénith.

— D'Héloé, d'Héloé, El-Djem! nous sommes à El-Djem! — Ah! et c'est bien? — Regardez, c'est splendide! — En effet, mâtin, quelle allure, ça n'est pas dans une musette, ce décor antique. Ces Romains, quelle civilisation! Dire que ça a deux mille ans, ces ruines, et c'est encore debout, ça a à peine bougé. — Fermez le vasistas, mon cher, il fait un froid de canard;

en effet ça fait rêver. — On voit encore les *cella* pour les belluaires. — Ah! non, de grâce, pas d'érudition, les mosaïques de Sousse m'ont assez embêtée. — Vous avez la bouche amère au réveil, belle amie. — Au réveil, parlez pour vous : vous n'avez pas cessé de ronfler. — Vous ne descendez pas faire un tour dans ces ruines? Nous avons le temps, on relaie ici vingt minutes. — Me désempêtrer de ces couvertures, moi, bouger? Descendre dans cette boue! plus souvent. Allez, vous, allez, vous me raconterez... (*D'Héloé descend, M*^{me} *Baringhel, tapant contre la cloison du coupé.*) Maria, avez-vous dormi? — Assez bien, madame, merci, et Madame, comment a-t-elle passé la nuit? — Oh! une nuit atroce, ma pauvre Maria; je suis mourante, je vais décéder. — Madame a besoin de moi? je descends. — Non, ne bougez pas, vous prendriez froid, ma pauvre Maria; au prochain relai, vous nous apporterez le déjeuner. (*A d'Héloé, qui remonte dans le coupé.*) Eh bien? — C'est très beau, très imposant. Ah! nous sommes peu de chose à travers l'espace et la durée. Dire qu'une ville immense avec ses places, ses bains, ses temples et ses arcs de triomphe, toute une civilisation raffinée, tout un peuple a vécu, a remué là des idées, des ambitions et des actes, et qu'il n'en reste rien, rien que des gourbis arabes au pied d'une ruine dans le désert. — Vous n'allez pas me faire un cours de philosophie, hein? Vous avez le réveil triste, mon petit d'Héloé. (*Silence de d'Héloé.*) Et vous n'allez plus dormir, j'espère; allons, soyez brillant, et racontez-moi les journaux d'hier; que se passe-t-il à la cour d'assises... mais résumez, mon cher, résumez...

Et la diligence de Sfax, au trot de ses cinq chevaux, repart à travers la brousse hérissée de cactus et d'alfa d'un vert glauque.

SFAX

Mardi 8 février.

Il faut beaucoup pardonner à Sfax, et sa ville française masquant toute la vue de sa ville arabe, et la monotonie de son paysage, et l'ignominie de ses hôtels, et la saleté, la crasse et le grouillement sordide de sa kasbah, la plus arabe des kasbahs arabes. Il faut pardonner à Sfax la puanteur de ses souks, l'immonde aspect de ses boucheries, l'ordure de ses impasses, l'encombrement de ses places et tant d'indigènes vous heurtant et vous bousculant, et dans quel remous de guenilles et de loques! parce que Sfax est la ville de Fathma, la mère du Prophète, parce que tous les Arabes ou presque y portent le turban vert, signe de leur parenté sainte avec la mère de Mahomet, et qu'en souvenir d'elle les femmes de Sfax sont, dit-on, les plus belles de toute l'Algérie et de tout le Sud tunisien.

J'ai écrit *dit-on*, parce que, à Sfax plus que partout ailleurs, règne impénétrable le mystère épaissi entre l'œil du roumi et le visage des femmes. A peine en rencontre-t-on dans les rues, furtifs et lents fantômes enlinceulés de blanc : le haïck blanc qui s'obscurcit d'un masque noir à Tunis et prête aux femmes qu'on entrevoit, une face camuse de négresse, le haïck blanc reparaît ici immaculé comme celui d'Alger, et l'œil est tout heureux de le retrouver après les spectres noirs des femmes de Sousse, où les escaliers des rues descendant vers la Mer sont comme les piédestaux d'autant de statues de deuil; Sousse, où le haïck noir, enveloppant de la tête aux pieds les femmes, semble promener par la ville la voilure sinistre des anciens bateaux pirates.

Et cette ville aux femmes hermétiquement closes, ce Sfax où le haïck se fait rare dans un immonde pullulement d'Arabes, il faut l'aimer pour la poésie et le nostalgique décor de ses citernes.

Là-bas, là-bas, hors des portes et passé le cimetière, du côté des jardins, après le camp des tirailleurs et des spahis, c'est là que Sfax, avec ses hautes murailles hérissées de créneaux en dents de palissade, se profile, héroïque et férocement blanche sur le bleu du ciel, un bleu délicieusement doux aujourd'hui; car nous avons retrouvé le soleil à Sfax, ville de Fathma, et après les rues grouillantes de nomades, de cavaliers et de convois de chameaux, après l innomable brouhaha du souk des forgerons et l Orient sordide d'un marché de grains et d'alfa installé aux portes de la ville, c'est une fraîcheur d'oasis, c'est un calme et c'est un repos que cette halte à l'entrée des jardins, passé le champ des morts, au milieu des citernes et de leurs immenses enclos.

Les citernes! la source même de la vie dans ces brûlants pays de la soif! Entourés de longs murs, tels chez nous les cimetières, ce sont de grands espaces rectangulaires maçonnés et cimentés à un mètre au-dessus du sol. Des dômes y bombent de place en place, bossuant l'enclos dallé comme d'autant de tombeaux; une ouverture carrée bâille au haut de chaque dôme : ce sont les citernes !

Au loin, la ville profile, hautes et blanches, ses murailles dentelées; derrière, ce sont les jardins avec leurs cyprès et leurs palmiers souples, et, dans l'enclos où l'eau des réservoirs dort, attendant la cruche qu'on y viendra plonger, des Arabes en burnous causent, indolemment couchés, groupe biblique, sans l'uniforme d'un spahi étendu parmi eux, spahis indigène échappé du camp et venu, lui aussi, pour surprendre les femmes, car elles défilent là une à une pour puiser aux citernes, leur cruche de terre sur l'épaule, les mystérieuses Orientales voilées.

Nomades aux hanches enroulées dans des cotonnades bleuâtres, petites filles aux yeux déjà mouillés de kohl et toutes bruissantes de lourds bijoux d'argent des épaules aux chevilles, Mauresques en longs suaires à la démarche balancée, toutes entrent dans l'enclos des citernes.

Pareilles à un cortège de lents et blancs fantômes dans cet endroit qu'on dirait plein de tombes, elles processionnent entre les dômes, et avec des indolences d'attitude et des gestes... (Loti écrirait millénaires, et, en effet, attitudes et gestes, depuis quatre mille ans et plus, n'ont pas changé), elles attachent leur cruche à une corde, la descendent dans la citerne, attendent un moment penchées, puis la remontent et la remportent suspendue sur leur dos par leur corde mouillée... et les hommes vautrés là, les regardent... Puis, c'est un vieil Arabe escorté de deux petits enfants qui à son tour vient y puiser ; il s'agit de faire boire l'âne, l'âne de la famille demeuré sur la route, et c'est une joie que cette vieillesse caduque aidée de ces deux enfances encore maladroites pour manœuvrer la cruche, la corde et le baquet ; puis viennent d'autres femmes et puis des chameliers.

Tout ce monde vient s'approvisionner, l'eau est rare dans la campagne : La citerne attirante réunit autour d'elle le Maure et le nomade, le désert et la ville, la brousse et la mosquée : c'est l'endroit où l'on rencontre les femmes, et Rébecca offre toujours à boire au chameau d'Eliézer.

Dans le pays du sable et du palmier, les amours de Jacob sont celles d'Hassen et d'Ahmed Ben Ali; l'Orient est stationnaire; depuis trente siècles ici, rien n'a bougé.

A BORD DU « TELL »

Mercredi 9 février.

A bord du *Tell*, en partance pour Tripoli :

Je suis l'antique amant de la jeune Aventure,
En notre épithalame ivre d'embrun amer,
Je veux vous mener, fils de l'Acte et de la Chair,
Dénouer l'horizon ainsi qu'une ceinture.

Éperonné d'horreur et fouaillé d'éclair,
Quand le vaisseau me suit et geint sous sa mâture,
J'aiguise en mon élan vers la chose future
L'angle passionné de l'étrave et la mer,

La coque se lamente et pleure la poulie :
L'arbre au vallon natal rêve dans l'embellie ;
Seul, stupide et sublime, aux quatre cieux je tends

Mes yeux infatigués de nourrir les mirages,
Ma lèvre, où l'homme altier sculpta pour tous les temps
Cette soif d'infini qu'abreuvent ses naufrages.

Ces beaux vers de M. d'Humières, cette *Chanson de la Figure de proue* qu'il me lisait, il y a un mois dans sa villa de la Mitre, à Toulon, ce m'est une mélancolique joie de me la réciter, accoudé aux bastingages du *Tell*, pendant que le lourd bâtiment s'enfonce dans la nuit au monotone et sourd roulement des vagues.

Je suis seul sur le pont, il y a cinq heures encore tout grouillant d'Arabes et de soldats, pitoyables bat' d'Af et hâves disciplinaires embarqués pour Gabès, Gabès, ce sous-Cayenne du Sahel...

Il y a cinq heures, sur le quai de Sfax, encombré de hangars et de marchandises, c'étaient les cent pas, éperons sonnants et tailles cambrées, de toute une trôlée de sous-offs de spahis, maréchaux des logis venus là en bande voir partir le paquebot-poste. On vient bien, en province, voir passer les trains. Oh! la promenade des désœuvrés autour des gares, les tristes distractions d'une vie de garnison! Puis, ce furent les adieux de sveltes officiers venus escorter un des leurs à bord, l'embarquement grotesque de deux juifs retardataires, hissés avec des cordes hors de leur barque à bord du *Tell* déjà sorti du port; et puis, dans le branlebas de la soupe sonnée pour le troupeau parqué dans l'entrepont, Sfax a disparu de l'horizon, Sfax et la plate étendue de ses campagnes semées de taches blanches dans le vert bleuâtre de ses jardins innombrables... tant de villas et tant d'oliviers!

Et maintenant, dans le silence et les ténèbres, je suis seul avec le lieutenant de quart à veiller à bord; seul, non, car deux points brasillants me dénoncent dans la nuit deux fumeurs, deux pauvres malheureux des compagnies de discipline qui, eux aussi, ne peuvent dormir. Dans l'entrepont, par le grand trou béant où la grue descend et monte les marchandises, je distingue un tas de loques et de formes humaines roulées dans des couvertures, soldats et Arabes couchés là pêle-mêle et dormant les uns sur les autres dans une torpeur de bêtes, pitoyables épaves que berce le roulis !

Jeudi 10 février.

Dans la nuit, un tumulte, des cris : Je monte sur le pont ; le *Tell* est entouré de voiliers, de grandes chaloupes fantômes montées par des Arabes... Ces capuchons dans l'ombre, des pirates de légende ou des pénitents blancs ? Nous sommes mouillés devant Gabès, et ces spectres d'Orient à bord de ces voiliers qui paraissent si blêmes, ce sont des portefaix de l'oasis venus pour décharger les marchandises du *Tell;* puis une autre chaloupe accoste, montée par des rameurs, des Siciliens, ceux-là ; et, toute la nuit, ç'a été un crissement de poulies, un fracas de caisses incessant et sourd. Les pauvres soldats, les indigènes de l'entrepont ont été dérangés brutalement ; on démontait les planches où gisait leur sommeil ; on aurait eu plus d'égards pour des animaux, et jusqu'à l'aube, nul d'entre ceux-là n'a pu fermer l'œil.

A sept heures, le hâve et frissonnant troupeau est descendu dans la chaloupe des Siciliens, qui les ont emmenés.

Une longue bande de sable et dix lieues de palmiers, verdure poudreuse dans de la lumière, c'est l'oasis ; et une tristesse un peu niaise m'a pris en songeant à tous ces inconnus, mes compagnons de bord d'une nuit, et que je ne verrai jamais plus.

Sur le *Tell*, le déchargement a continué, et je n'ai même pas eu le courage d'aller à terre ; nous repartions à midi.

Et, pendant cinq heures, ç'a été, dans une lumière éblouissante, le panorama de l'oasis avec, au-dessus des palmiers, les pâles ondulations des sables, et, à l'horizon des contreforts de montagnes rougeâtres, le Sahel, et à la lorgnette un indescriptible grouillement d'Arabes, trois ou quatre cents au moins, embarquant de l'alfa à bord d'autres voiliers rangés des deux côtés d'une longue estacade : l'alfa, le grand commerce de Gabès ; Gabès, la plus belle oasis de l'Afrique, celle dont Pline a écrit : « *Ici, sous un palmier croît un figuier, sous le figuier, un amandier en fleurs, sous l'amandier un caroubier, puis un abricotier, un pêcher, et puis enfin du blé, de l'orge et toutes les fleurs.* » Il y croît maintenant des spahis, des bataillons d'Afrique et des compagnies de discipline. J'ai préféré ne pas descendre à Gabès.

Même jour, quatre heures. Depuis midi, une mer unie comme une glace, une mer transparente et moirée dans une limpidité de ciel inconnue dans nos régions du Nord, la plus calme et la plus délicieuse traversée : heures inoubliables et d'autant plus légères !

Hors l'équipage, nous sommes, ma mère et moi, les seuls Français à bord ; tous les passagers sont Arabes. Une flottille de petits bateaux à voilures orange, voilà notre seule rencontre en cette solitude azurée, toute une équipe de pêcheurs d'éponges, ces éponges dont la Méditerranée est si riche entre Sfax et Djerba. Ils ont amusé un moment nos regards, telle une jonchée d'écorces de mandarines à la dérive sur le bleu de turquoise des vagues, puis ils ont disparu, soudain évaporés.

Djerba, c'est la trépidation des treuils descendant les ancres. Nous mouillons si loin de l'île que la côte s'aperçoit à peine. Djerba, la villégiature des riches marchands des souks de Tunis ; Djerba, la fabuleuse île de voluptés où

Calypso retint, durant dix ans, captifs, Ulysse et Télémaque. Les fonds de sable s'y étendent si loin qu'il faut une heure et demie aux chaloupes de l'île pour arriver jusqu'au paquebot, et les voici qui se profilent à l'horizon, les felouques déjà turques de couleur et de forme, avec leur unique voile d'un beau jaune de safran et leur étroite coque recourbée.

Des Arabes les montent; les passagers qu'elles nous amènent diffèrent aussi par le costume des indigènes de Sfax et de Tunis. Ce sont des vestes sans manches, des espèces de gilets de soie cerise ou vert pistache passés sur des chemises flottantes. Race agile aux membres nerveux, passagers et matelots sont grimpés au mât et sur les vergues des embarcations.

Un incident : apparition de passagers insoupçonnés à bord durant la traversée. Quatre Arabes dont une femme, la plus empaquetée et la plus close de voiles que nous ayons encore rencontrée. C'est un épicier de Djerba avec sa mère et deux de ses serviteurs. Avec quel soin jaloux cette vieille mulsumane se dérobe aux yeux roumis, non, cela n'est pas croyable, et quel aria pour la descendre! non, les tâtonnements de ce paquet aveugle et trébuchant sur

les degrés de la passerelle, ses effrois séniles!
En fin de compte, son fils la prend entre ses
bras et la dépose comme un ballot, au fond de
la barque; un des serviteurs jette une pièce
d'étoffe sur ce corps inerte, puis il va s'asseoir
aux côtés de son maître, tandis que la vieille
Fathma gît sous son haïck et sa couverture,
calée, tel un sac de grains sous une bâche, au
milieu des caisses et des rameurs, effleurée
par leurs rames et leurs gros orteils nus!

Les felouques s'éloignent, un poudroiement
d'or les enveloppe; nous démarrons enfin,
nous aussi. Comme un vol de flamants tournoie
au-dessus de Djerba, lueur plus rose dans le
couchant rose, Djerba, dernière étape en territoire français du *Touache* qui nous emporte
maintenant vers Tripoli!

TRIPOLI DE BARBARIE

Tripoli! la ville des mirages, mirages de la mer et mirages des sables dans son vert oasis empanaché de palmes, Tripoli l'Espagnole et aussi l'Orientale, Tripoli toute bruissante encore des harpes et des flûtes du cortège de la *Princesse lointaine*, Tripoli, qu'un poète, M. Edmond Rostand, consacrait cité d'azur et d'or, d'azur comme Césarée, Antioche et Solime, et d'or comme Ninive, Memphis, Alexandrie, par la magie de ses vers, quelquefois incorrects, mais si chantants, si fastueusement souples et un peu aussi, disons la vérité, par la grâce onduleuse et la voix d'agonie, caresse et mélopée, de Mme Sarah Bernhardt... Tripoli !... c'est-à-dire des minarets verts, des terrasses de palais et des dômes de mosquées au-dessus de hautes murailles que vient baigner la mer, un décor de ville turque dans une baie d'azur, le faste somnolent d'une cité du soleil allongée et rêvant au rythme lent des palmes, entre le vent du large et celui du désert...

Décor trompeur, déception du mirage; la ville est sale et le ciel gris; la felouque turque, qui nous mène à terre, fend à force de rames une eau lourde de sable, l'horizon est gros de pluie et sur le petit quai, où nous accostons, une bande d'énergumènes en guenilles, mendiants et portefaix arabes, nous accueille avec des gestes et des cris rapaces; il faut défendre contre eux notre bagage, c'est une vraie meute qui s'acharne après nous. Ils nous ont tirés de force hors de notre chaloupe et, pendant qu'ils nous assaillent d'offres et de demandes, *baschis, baschis, sidi, sidi, soldi*, il nous faut répondre à la police turque et tenir tête en même temps à la douane. Les uns réclament notre passeport, les autres fourragent curieusement dans nos malles, oh! les gros doigts malpropres de ces Turcs sur notre linge...

Nous parvenons enfin à leur en imposer en nommant le consul; quelques menues monnaies achèvent de les convaincre et, devant l'argument des pourboires, la pesante grille qui clôt tout le quai consent à s'ouvrir. Nous sommes dans Tripoli, mais ce n'est pas sans mal.

Et la déception continue. Les rues sont sordides, les étals des marchands déconcertent par leur désordre, le pied s'enfonce et trébuche dans la boue; ce ne sont que flaques d'eau, tas d'ordures et ornières. Rues voûtées ou plutôt enjambées par des arches, aucune d'entre elles n'a de nom; c'est la ville turque dans toute son incurie. Quelques buvettes tenues par des Maltais, des boutiques de perruquiers siciliens, voilà, parmi les rangées d'échopes, les seuls endroits où puisse se risquer un Européen; et pourtant que de pittoresque et de séduction dans les amas de citrons, de fenouils et d'oranges empilés devant les taudis arabes! Les logis indigènes, déjà si rebutants à Sfax, sont devenus ici tanières, la plupart sont pourtant peints de rose et de bleu; ce sont les mêmes fenêtres grillagées, les mêmes façades closes que dans la Tunisie, mais l'effroyable saleté turque étonne, même après l'insouciance arabe... et les corps de garde de la garnison, avec leur puanteur et leur aspect de caverne, et la lamentable tenue de la troupe, ces soldats turcs qui, sans leur fez, auraient l'air de mendiants, leur uniforme crevé aux coudes, leur pantalon en loques, leurs pieds nus dans la boue, toute la défroque de pièces et de morceaux de la fidèle armée du sultan, c'est à se demander de quoi vivent ces misérables; sont-ils payés? Cela, non, sûrement... Nourris, alors? Oui, car ils ont fière mine et, forts comme des Turcs, la plupart bombent de robustes torses dans le drap crevé de leur étroit veston...

Ils errent par les rues en se tenant par la main, comme des fiancés; musent aux étalages; nous leur donnerions des sous, si nous l'osions. D'autres passent, escortant un chameau chargé de tonnelets et de vieux bidons; à Tripoli, ce sont les soldats qui vont chercher à la fontaine l'eau des ménages d'officiers et la provision des casernes, soldats chameliers qui, au bout de trois jours, deviennent une des joies de la rue, plus foisonnante ici de foule et de pittoresque

que dans toute autre ville arabe; car, malgré sa saleté, ses ornières et sa boue, elle déborde de vie, de couleur et de mouvement, la ville de la *Princesse lointaine*.

Plus dense qu'à Sfax et qu'à Tunis même, c'est, dans un extraordinaire grouillement d'Arabes de l'oasis et de nomades, un va-et-vient de juifs turcs, de marchands syriens, d'Arméniens même et de nègres de toute l'Afrique, un pullulement énorme de nègres, nègres géants pour la plupart, et du noir le plus noir; foule orientale où le roumi est rare, rare surtout l'Européen. Nous y faisons émeute, dans ces rues de Tripoli : notre présence y semble étonner jusqu'aux ânes et jusqu'aux chameaux; tout un peuple intrigué nous suit depuis le quai jusqu'à la porte de l'hôtel, cet hôtel de la Minerva qui, nous le tenons de l'hôtelier, héberge par an à peu près trente voyageurs. Mme Sarah Bernhardt révolutionne moins les badauds parisiens quand elle traverse le boulevard dans son cab. Évidemment, notre arrivée fait sensation.

Sensation, nous en ferons bien davantage tout à l'heure, quand nous visiterons la ville, escortés par un kawas, un des quatre grands nègres chamarrés d'or et de broderies qui veillent en permanence dans le patio dallé du consulat. M. Lacau (je tiens d'autant plus à citer son nom et sa courtoisie qu'elle n'est pas précisément monnaie courante à l'égard des gens de lettres, la complaisance du monde officiel tunisien), M. Lacau, dis-je, a tenu à nous faire accompagner à Tripoli par un des nègres attachés à son service, non pas que la ville ne soit pas sûre, mais il a voulu qu'on nous sût Français et sous son immédiate protection; car il ne faut pas oublier que c'est en Tripolitaine que furent massacrées et la mission Flatters et l'expédition Morès; l'accès de l'intérieur y est absolument interdit aux roumis; la politique ottomane y entretient la haine d'instinct et de religion des nomades pour l'Européen. Toute escorte est d'avance refusée à qui veut tenter l'excursion du désert; il y a là, échelonnés dans les sables, des villages et des oasis qui doivent continuer d'ignorer Gabès et les autres postes avancés de notre civilisation. Dans l'immédiat intérêt du commerce tripolitain.

Nous faisons donc le tour de la ville, dévisagés, non, dévorés par des milliers d'yeux... et c'est la visite à l'arc de triomphe de Marc-Aurèle, transformé aujourd'hui en buvette, beaux bas-reliefs, trophées d'armes et de boucliers du style emphatique et pompeux de l'époque, mais de la maçonnerie en remplit les arceaux; puis, par une espèce de chemin de ronde, dominant les remparts et le golfe, nous débouchons près d'une des portes de la ville, la porte principale, la seule qui reste ouverte pendant la nuit, celle par laquelle on gagne l'oasis, la porte des nomades et des grandes caravanes...

Porte de cité d'Orient, obstruée de grands murs, d'un escalier et d'une terrasse, tout le dédale ordinaire des constructions compliquées de l'Islam; sous ses hautes voûtes s'encadre la Méditerranée, ici finissent les remparts. En dedans et en dehors règne une animation extraordinaire; en dedans, c'est la place des casernes, un fourmillement d'uniformes loqueteux, le va-et-vient de trois mille soldats turcs logés là, à l'entrée de Tripoli, dans les contreforts même de la citadelle, la citadelle dont la façade baigne dans la mer. Forteresse espagnole bâtie par Charles-Quint, elle est à la fois prison de condamnés, résidence du pacha et caserne; par ses portes grandes ouvertes, c'est une enfilade de cours où se hâtent des soldats et rôdent des officiers, des parades de généraux, des piaffements de chevaux de selle et des baisements de main de subalternes ; sous la porte de la ville défilent des bataillons de corvée, des patrouilles en armes, des cachas (1) des promeneurs et des convois de chameaux ; c'est le centre du mouvement de Tripoli.

En dehors, une fois les sentinelles dépassées, c'est le redoublement de fièvre et d'activité de trois grands marchés arabes installés là sous les remparts, un marché au pain, un marché aux légumes et un autre d'herbes sèches pour les bêtes de somme ; un rassemblement, gestes et cris forcenés de plus de deux mille indigènes (étonnante, la vie de Tripoli). C'est là que vient s'approvisionner toute l'oasis ; c'est là aussi la place des voitures des cachas peinturlurées et garnies de rideaux écarlates ; là, la fontaine sculptée où les soldats-chameliers viennent emplir les vieux bidons à pétrole qui leur servent à porter l'eau ; là, les oisifs et les promeneurs attirés par la mer et les cafés maures qui abondent dans ces parages ; plus loin, ce sont

(1) Petites voitures à deux roues, attelées d'un seul cheval, rappelant les coricolos de Naples. Le cocher conduit, assis de côté sur le brancard de gauche ; voiture très rapide, mais terriblement secouante, les seules qu'on ait à Tripoli.

des souks, souks de selliers et de brodeurs installés dans quatre grands bâtiments à arcades ; puis encore des casernes (la Tripolitaine a une garnison de douze mille Turcs), des villas d'officiers, et puis les hautes tiges souples des palmiers, les fraîcheurs vertes de l'oasis dans un poudroiement lumineux, qui est le reflet du désert.

Et cela sent les épices, le safran, le pain chaud, la mandarine, la laine et la sueur; le vent du large remue toutes ces odeurs; c'est un tumulte de Babel, querelles de marchands, claquements de fouets, cris de chameliers et jurons arabes, et que de nègres dans la foule ! nègres de Fezzan, nègres du Soudan et nègres d'autres pays encore. Le palais du pacha avance hardiment dans la mer sa silhouette de forteresse; de larges fenêtres garnies de treillages verts y dénoncent l'appartement des femmes, des odalisques y guettent peut-être notre promenade ; cet endroit de Tripoli n'a pas son pareil au monde ; on y sent battre la vie de tout un peuple, et l'heure y est délicieuse.

Plus délicieuse encore, parce que plus neuve et jamais avant ressentie, notre impression du lendemain dans l'oasis, et pourtant j'ai passé près d'un mois à Biskra, je connais El-Kantara et des descriptions d'enthousiastes m'ont fait vivre les splendeurs de Gabès.

C'est surtout aujourd'hui que le consul a tenu à nous faire accompagner d'un kawas; il y a soixante-dix mille Arabes dans l'oasis que nous allons parcourir; parcourir, non, traverser, car elles n'ont pas moins de douze lieues, les cultures de palmiers, d'orangers et d'amandiers en fleurs vers lesquelles nous emporte, au grand trot, une cacha choisie par le nègre consulaire.

Comme la veille, grand effarement par les rues; on s'attroupe encore sur notre passage, et le kawas nous est, en effet, nécessaire pour écarter les curieux; sous la porte, les sentinelles nous ont porté les armes, tous les honneurs. Les souks sont déjà loin, et maintenant, nous filons dans une route encaissée entre deux talus plantés de cactus et de palmiers, on dirait, d'argile rose, droits comme des murs, où la végétation d'Afrique s'adoucit des nuances les plus tendres; et, derrière ces talus, ce sont d'autres talus encore, d'autres murs rosâtres où se balancent des palmes, où bruissent des feuilles argentées d'oliviers. C'est à l'infini, aussi loin que la vue peut s'étendre, des parallélogrammes de terre et d'arbres fruitiers, et toujours des palmiers bordent chaque enclos, tels, en Normandie, des hêtres les fermes; et ce sont, en effet, des vergers, vergers d'amandiers, neige de pétales, plants d'orangers, illuminations d'énormes pommes d'or, bosquets de citronniers... Oh! la chute des citrons mûris dans l'orge, l'orge tendre en pelouses dans toute l'oasis! Puis, voici la pâleur des figuiers, et, crispés, tordus, convulsés et menaçant le ciel d'une sève de colère, l'obscénité des très vieux arbres, ce cauchemar d'écorce et de branchages, tout un champ d'oliviers... et la route tourne et fuit entre des verdures, des fruits et des racines, des racines énormes traînant en nœuds de serpents dans le sable des talus. Partout ce sont des fondrières; la pluie de la veille en a fait des lacs, l'eau monte jusqu'à mi-essieux; c'est la sensation d'une promenade dans un parc, un lendemain d'orage...

Cette bienfaisante pluie, elle a lavé le ciel et verni l'oasis, et c'est un parc de féerie avec des koubas blanches semées de place en place, des vieux murs arabes veloutés de mousse, toute une magie de frondaisons, de jeunes verdures et de fraîcheur, et cela au bord du désert, sur les frissons nacrés du plus invraisemblable ciel.

Le consul a bien choisi son jour en nous envoyant aujourd'hui faire cette promenade, car toute l'oasis est en fête, en fête comme la nature, et en fête comme le ciel. Une extraordinaire animation y règne; à tous les dix pas, nous croisons des Arabes et des chameaux chargés de sacs, et des ânons porteurs de couffes... Oh! les groupes bibliques de tous ces indigènes! Ils sont presque nus en Tripolitaine, ceux des campagnes surtout, pâtres et laboureurs vêtus d'une seule chemise ou drapés à l'antique, non plus du burnous, mais d'une grande pièce de laine, la *baraca*, comment ils l'appellent ici... Long suaire d'un blanc fauve, elle peuple l'oasis d'une foule d'Eliézer et de jeunes Jacob qui, isolés ou par groupes, se rendent comme nous au marché.

Souk-el-Djama, le marché du vendredi; il se tient à deux lieues de la ville, en pleine oasis, dans un bois de palmiers, à l'entrée du village d'Hamrouss, et ce village a une renommée.

Ce sont ses maisons et ses marchands que pillèrent en décembre dernier les Arabes du désert, lors de la révolte indigène contre l'autorité turque. La Tripolitaine ne voulut pas reconnaître le gouverneur arabe imposé par le sultan; la question se compliquait de l'enrôlement des indigènes parmi les troupes turques, fait alors sans précédent; toute l'oasis et tout le désert s'y refusèrent, et, pour forcer leur soumission, le pacha ne trouva rien de mieux que de nommer un gouverneur arabe de son choix... Le pillage d'Hamrouss fut la réponse du Sahel à la Sublime-Porte; la garnison de la ville, immédiatement dépêchée sur les lieux, trouvait Hamrouss saccagé et vide; tous les révoltés avaient disparu... Aussi le consul a-t-il jugé prudent de nous faire escorter aujourd'hui de deux kawas, et, à cette garde d'honneur, le pacha, informé de notre excursion, a joint un de ses *filiss* (agent de police à cheval); nous l'avons trouvé à l'entrée de l'oasis, et, depuis les premiers palmiers, il chevauche à notre droite, dans le voltigement blanc de son haïck.

Le danger des descriptions de voyage en pays d'Islam, c'est l'apparente monotonie des décors et des foules à travers cependant une étonnante variété... Ce marché d'Hamrouss est le plus curieux spectacle que j'aie peut-être jamais vu en Afrique : il y a là quatre à cinq mille Arabes parqués, campés dans la clairière d'une forêt de palmiers, et des cris, des gestes courroucés, des appels, des marchandages presque tragiques, et, à côté de cette fièvre, toutes les attitudes d'indolence et d'impassibilité où le fatalisme arabe se vautre et se contourne ; là-dessus brillent un ciel d'un bleu de pervenche, d'un bleu de regard d'enfant, un ciel comme rajeuni, une végétation de féerie luisante encore des dernières pluies, de la fraîcheur et du soleil. La foule y est drapée comme celle des théâtres antiques, longs suaires de laine fauve sur des nudités bronzées ; et il y a des nègres dans tous les groupes, des nègres et des nègres encore ; et, pour rendre ce spectacle inoubliable, je ne puis évoquer que la comparaison des trois marchés de la porte de Tripoli, réunis en un seul au milieu d'une forêt... mais un marché pourtant qui s'augmente ici de bétail à vendre. Ce sont des chameaux, puis des bourricots, des chèvres, des chiens et des moutons. Voici, dans des cages en roseaux, des poulets et des pigeons ; un figuier centenaire porte, suspendus à ses branches, des corps fraîchement dépouillés de chevreaux et d'agneaux au cou saignant, et, dans l'herbe rase, toutes les céréales et tous les fruits aussi sur des nattes et dans des couffes. Les nomades auraient de quoi piller aujourd'hui, et pourtant, un des kawas nous en informe, le marché est plus animé de coutume; aujourd'hui, il n'y a que des pauvres et des marchands, c'est Rhamadan, et le riche demeure chez lui et dans la mosquée.

Il ne nous en enchante et captive pas moins, ce marché soi-disant de pauvres, mais nous ne pouvons en faire que deux fois le tour.

Nos costumes européens ont soulevé une émeute, nous marchons bousculés, serrés même d'un peu près par une foule inquiète, je dirais inquiétante si nous n'avions, pour la tenir en respect, les kawas consulaires et l'agent du pacha... Oh! que de rictus de fauves et que de regards luisants! Sur un signe du filiss, notre cocher réattelle vivement sa cacha et nous quittons Hamrouss et sa foule turbulente. Les sentiers recommencent ombreux, encaissés de talus; pétales de fleurs, troncs convulsés, oranges et citrons; pourtant, le passant s'y fait rare; les kawas nous emmènent déjeuner à l'entrée du désert, dans le jardin d'une villa, la villa de l'ancien pacha de Tripoli, que le gouverneur de la ville veut bien mettre à notre disposition...

... Et, entre les tiges des palmiers qui s'espacent, plus de ciel se découvre, ce ciel toujours invraisemblablement bleu et transparent, d'un bleu de saphir pâle, d'un bleu d'iris rare, d'un bleu de nacre bleue où semble sourire l'enfance du monde, et, entre ce ciel et les derniers talus d'un verger d'amandiers, de longues ondulations de sable jaune apparaissent. Ce sont des terrains ravinés comme des vagues, un moutonnement d'ocre et de safran emplit tout l'horizon. C'est le Sahel, le Sahel qui commence, c'est l'infini, c'est le désert!

Étrange mer de sable, mer figée et l'on dirait remuante, dont les premières lames au bord de l'oasis sont d'un jaune plus pâle, comme une écume de sable, tandis que, au loin, ces vagues tumultueuses, devenues des montagnes, sont d'un rouge de vermillon.

— *Alzine-Krani*, me baragouine un des kawas en me désignant un grand arbre isolé, *ici on coupait la tête aux voyageurs. Le brigand, il montait dans les branches, il regardait venir la caravane, avertissait les autres, et Krani, le cou, il coupait le cou aux passants, mais tous tués, aie pas peur, oasis, plus brigands.*

Un bruit aigre de flûte arabe. Ce sont, couchés dans le sable, deux nègres à demi nus qui somnolent et rêvent au soleil. L'un tourmente une flûte de roseau, l'autre écoute, il est midi; oh! la mélancolie accablée, la torpeur engourdie de ce petit chant aigu et monotone comme un chant de cigale dans l'aridité du Sahel!

Oh! la magie de la lumière. Il n'y avait là que deux pauvres nègres en haillons et du sable, et toute la Grèce, et toute la Bible, et toute l'Asie, et tout l'Orient et ses légendes ont soudain revécu et resplendi pour nous dans cette petite chanson de l'ennui et du soleil.

COMMENT ELLES VOYAGENT

MADAME BARINGHEL CHEZ LES TEURS

> Je fus prise par un corsaire
> Et fus vendue au grand Seigneur,
> Mais je lui tins toujours rigueur
> Et tirai mon honneur d'affaire.
> (*Lettres à Émilie Dumoustier.*)

*A Madame la comtesse des Ipnauzes,
rue du Cirque, Paris.*

Ce 28 février 1898.

A Tripoli, nous sommes à Tripoli, ma chère, et j'en suis déjà revenue. Quelle désillusion ! D'ailleurs, tout ce voyage dans le sud tunisien est la duperie la plus affreuse; d'Héloé m'a mystifiée et jamais je ne lui pardonnerai de m'avoir traînée ici, dans la boue et sous la pluie, à des sept cents lieues de Paris, le soir de la première de *Catherine* ou de *Paméla, marchande de frivolités.*

Paméla! Il me semble que j'aurais adoré cette pièce! mais qu'est-ce que Réjane va faire de son ventre dans les robes fourreau du Directoire? Elle bedonnait déjà pas mal en décembre, dans la reprise de *Sapho*, et, depuis, cela a dû croître et embellir... Mais nous sommes loin de Tripoli.

Tripoli, c'est encore une invention de poète, une machine de théâtre, car, sans la *Princesse lointaine*, les vers de Rostand et les costumes de Sarah je n'y serais jamais venue; ah! cette Sarah est bien coupable... Avez-vous vu d'Annunzio? Voilà ce que Suzanne d'Héfleurons m'en écrit : elle a dîné tout près de lui, chez cette grosse Aufrelon de Berville, car il a bien fallu que notre couveuse artificielle découvrît notre galantuomo à la veille du grand succès que d'Héloé, d'avance, prédit devoir être un four; mais revenons à Suzanne. Voici ce qu'elle m'écrit de *l'Enfant de volupté* : « *Il est mal,*

mal, fausse élégance, gestes étriqués, tout petit, un calicot! mais il paraît que je n'y entends rien et qu'il dégage le même charme que Pranzini, disent ceux ou celles qui prétendent s'y connaître. » Dire que j'aurai manqué cet homme au charme mystérieux! mais je manque tout cette année, même cette lettre qui doit être d'un décousu... mais j'ai la tête rompue par le vacarme effroyable que l'on fait ici toute la nuit : c'est un sabbat. C'est Rhamadan, et, sous prétexte qu'ils jeûnent toute la journée, oui, toute la journée sans boire, sans fumer, sans manger et le reste (que deviendrait ici ce pauvre Chasteley qui, paraît-il, ne s'anime qu'après le déjeuner avec la digestion entre deux et quatre heures, comme feu Meilhac?), oui, sous ce prétexte, ils se gavent dès cinq heures du soir de nourritures immondes en tapant sur des derboukas, des peaux d'onagres et des tambours de bronze, un badaboum à faire danser Polaire, une vraie musique de nègres, car Tripoli est avant tout la ville des noirs. Jamais je n'en ai tant vu, on en a mis partout.

C'est ici que Toché aurait dû vivre, le pauvre! J'en ai un comme femme de chambre; c'est un autre qui nous cuisine les terribles olla podridas qui nous sustentent. Notre hôtel, l'hôtel Minerva! (quelle auberge!) est rempli de ces bois d'ébène; ils courent, jambes nues, drapés dans des foutas, le long des balustrades du petit patio qui est assez joli, cela je l'avoue, mais malgré leurs grosses faces camuses et leurs dents blanches, ils sont d'une pudeur extraordinaire. Hassan, qui est le camérier attaché à ma personne, ose à peine pénétrer dans ma chambre; il reste sur le seuil en roulant des gros yeux timides, et sans sa peau si noire, je le verrais rougir... et comme si ce n'était pas déjà trop, M. d'Héloé, invoquant je ne sais quel danger, a trouvé le moyen de nous faire escorter par un des kawas noirs du consul.

Nous ne sortons plus que flanqués de ce nègre consulaire; les populations impressionnées se prosternent sur notre passage, mais le pittoresque en souffre.

A tous ces respects de la foule, j'aurais préféré quelque audace; M. d'Héloé parle de dangers, mais c'est justement ce qui m'affole, le danger n'existe pas. C'est un mythe, une invention des romanciers de voyages pour exciter les curiosités et se faire valoir; mais des dangers, je ne demande que ça, mais où sont-ils? On s'embarque sur des mers lointaines, on entreprend traversées sur traversées, on parcourt le désert en diligence avec, autour de soi, les souvenirs tragiques de la mission Flatters et du marquis de Morès, on rêve pirates, brigands et Touaregs et l'on attrape le mal de mer et des puces; voilà le bilan de mon voyage, ma chère; toutes les transes, toutes les fatigues et rien n'arrive, rien.

A Tunis, où nous sommes restés dix jours sous la pluie, *princesse infortunée égarée dans des marécages sans issue*, comme dirait Mæterlinck, la nuée des Maures entreprenants, qui tourbillonnaient tout le jour autour de nous dans les souks, n'en voulaient qu'à ma bourse. Leurs assiduités ont cessé contre un chèque sur le Crédit Lyonnais... oui, quinze cents francs de tapis; je suis sûre qu'ils vont me paraître hideux à Paris.

A Sousse, ville barbaresque où nous tombions le soir du Rhamadan, le premier soir, et dans quelle ville en fête! il n'y avait pas de Karagheuss, mais j'ai vu des mosaïques, des mosaïques après celle du Bardo! M. d'Héloé est fou d'un de ces débris, trouvaille du 4° tirailleurs, le régiment Picquart-Esterhazy, car on ne peut faire un pas, même en Tunisie, sans marcher dans cette affaire... Il est vrai que cette mosaïque représente l'*Enlèvement de Ganymède*. A propos, je sais pourquoi voyage lord Fingal! Savez-vous ce que va faire ce jeune lord en Égypte? Des fouilles, chers amis, des fouilles sur l'emplacement d'Antinoë. Antinoë, la ville funéraire qu'Adrien éleva autour du cercueil adoré et que l'on retrouvera, lord Fingal en est persuadé; M. Guimet est, lui aussi, hanté de cette idée... Lord Fingal à Antinoë, comme ça lui ressemble!

> Les siècles écroulés ont gardé ta mémoire,
> Ephèbe, et sous ton front ombragé de lotus
> Ton corps pétri de fange et d'immortelle gloire
> Fait rêver dans la nuit tes frères inconnus!

Pardonnez-moi cette petite citation, elle m'a paru de circonstance. Mais continuons l'odyssée de mes déceptions.

De Sousse à Sfax, quatorze heures de diligence, en pleine nuit, dans la brousse; paysage funèbre, diligence-fantôme, le courrier de Lyon dans le désert, conducteurs de mauvaise mine armés jusqu'aux dents, des gens on aurait dit prêts à tout: eh bien! rien, rien que la monotonie des cinq relais. Il est vrai qu'au premier j'ai cru qu'on nous arrêtait, et j'ai eu au cœur un sursaut délicieux ; ah ! ce moment-là a eu bien du charme ; mais au second relai, ce n'était déjà plus ça ; on se fait à tout.

A Sfax, j'ai dormi dans une chambre ignoble, une chambre sans fenêtre ou presque, ouvrant sur une affreuse petite cour ; de là, ni les cris, ni les plaintes n'auraient pu s'entendre : la *Chambre murée*, d'Octave Mirbeau ; et ma femme de chambre couchait au troisième, et d'Héloé était logé hors de l'hôtel, comme toujours ; c'était terrible. Eh bien, jamais je n'ai dormi si tranquille.

De Sfax à Tripoli, nous étions à bord d'un touache, l'entrepont bondé d'Arabes, de disciplinaires, ces bandits de l'armée, et d'aventuriers de toutes sortes. J'étais la seule femme à bord, le point de mire de tous les yeux, de toutes les convoitises, la proie indiquée de toutes les fantaisies. A minuit, un craquement sinistre, des pas précipités et des cris : une nuée de fantômes avait envahi le *Tell :* des chaloupes nous entouraient ; irruption d'Arabes, puis de Siciliens robustes. Un naufrage ou des pirates ? Non, des portefaix de Gabès, venus pour décharger des marchandises; toutes les désillusions enfin, toutes, jusqu'à ce Tripoli boueux et sordide, Tripoli noyé de pluie, Tripoli où des mains brutales, me hissant hors de la chaloupe, m'ont fait trébucher dans la boue, Tripoli où, comme une ancienne captive, j'ai abordé sur les genoux, Tripoli où j'ai visité les antiques prisons des esclaves chrétiennes, escortée d'un kawas consulaire. D'ailleurs, ma chère, ces prisons sont devenues maintenant des écoles de sœurs.

Il n'y a plus d'Orient, il n'y a plus d'Arabes : il y a bien le décor, mais on en voit la toile usée jusqu'à la corde, et, sans le soleil de là-bas, il vaudrait ceux de l'Odéon, le décor de Tripoli de Barbarie. De l'Odéon, c'est tout vous dire. C'était bien mieux à la Renaissance.

Enfin, ma chère, jugez à quel point tout ici est surfait, exagéré et recrépi. Il y a un Pacha à Tripoli, car la ville est turque (turque, quelle saveur de fruit exotique ce mot turc vous a dans la bouche!); entre nous, leurs soldats sont fort beaux, mais si déguenillés. Il y en a qui portent un mouchoir déployé sur leur ventre par décence, oui, par décence, tant ils sont à loques et à trous. Donc, il y a un Pacha et je me faisais une fête de le voir, quand j'apprends que ce musulman est vieux et, de plus, monogame, monogame! un Turc!

Il faut venir à Tripoli pour panteler sur une désillusion pareille, avoir rêvé d'un pacha à trois queues et tomber sur un vieux monolythe... Ne venez jamais en Tripoli.

Et d'Héloé, me direz-vous? d'Héloé me rend malade, d'Héloé ne cesse pas de délirer sur le type indigène, la couleur des costumes, le miroitement des sables, le mystère des rues et la silhouette des palmiers; c'est une fontaine d'enthousiasme. Il pâme sous le soleil, il pâme sous la pluie; la forme des cruches l'enivre, les pieds nus des Arabes l'enchantent, c'est le dithyrambe fait homme; ce qu'il m'énerve! Je ne sais vraiment où il puise cette faculté d'enthousiasme, mais je lui soupçonne des sources ignorées, car, tous les soirs, il me plante là pour courir les cafés et les bains maures et autres endroits occultes où sa pudeur lui interdit de m'emmener... la pudeur de d'Héloé! Et moi, je me morfonds à l'hôtel entre Maria et Harry pendant que Monsieur va cueillir, je ne sais où, des documents de mauvaises mœurs; vous voyez que c'est gai! Oh! ce voyage. On ne m'y reprendra plus.

Encore, en Tunisie, à la rigueur cela pouvait se comprendre à cause des officiers et des autorités françaises, une Parisienne dans les cafés maures, on aurait pu en jaser; mais en Tripoli, je vous demande un peu, chez les Turcs! Ainsi, Chasteley, vous vous en souvenez, Chasteley qui nous a tant poussés à ce voyage, nous avait parlé de cafés maures en dehors de la ville, presque aux portes, où, les soirs de Rhamadan, de jeunes Arabes beaux comme des dieux dansaient et tournoyaient, une fleur à l'oreille, jusqu'à l'évanouissement, l'épuisement suprême pour venir tomber, à moitié morts, alanguis sur les genoux des spectateurs, et je me faisais une fête de ce spectacle bien oriental. Eh bien, M. d'Héloé a déclaré que ça n'existait plus, que je ne sais quel arrêt du gouvernement ou de la police turque... enfin, des histoires! Ce qui ne l'empêche pas de filer tous les soirs avec un nommé Isaac, ex-légionnaire et médaillé du Tonkin, qui ne me dit rien qui vaille, et de ne rentrer qu'à minuit... et notez que cet Isaac est juif et que d'Héloé est un farouche antisémite, un chauvinard féroce, qu'il réclame les ghettos pour les barons Moïse et qu'il emploie ce juif, mieux il ne le quitte pas;

les Juifs ce sont les seuls, dit-il, qui sachent se tirer de certaines besognes.

Oh! ce que j'enrage! Enfin, le comble!

Ici, c'est Rhamadan et Karagheuss tous les soirs y sévit, et quel Karagheuss! celui de Constantinople, le plus terrible de tous. Il y a même trois et quatre Karagheuss dans le quartier des casernes, et d'Héloé devait m'y conduire; c'était chose convenue, arrêtée entre nous. Eh bien! le lendemain de notre arrivée, sa tournée d'inspection faite, d'Héloé m'a déclaré qu'il ne pouvait me conduire là, que l'indécence était effroyable et que, pour les Arabes et les Turcs de l'assistance, la présence d'une femme était inadmissible... Pour des Turcs, voyez-vous cela! que ma venue y ferait scandale et que pour le consulat, dont on nous savait les amis, vis-à-vis même des représentants des puissances (oui, ma chère, des puissances, il a dit le mot), il était convenable qu'on ne me vît pas là. Oui, ma chère, il a osé invoquer cela, les consulats d'Allemagne et d'Italie, la Triplice, quoi! bon, et j'allais oublier le consul d'Angleterre; bref, il s'est absolument refusé à me mener à Karagheuss.

Voyagez donc avec un homme du monde!

mais j'aimerais mieux cent fois être seule... Ah! ce d'Héloé, comme je l'étranglerais si je n'avais besoin de lui... mais patience, j'ai mon projet, j'ai cru remarquer un froid entre lui et son Isaac, il a dû se passer quelque chose, car c'est tout juste s'il ne l'a pas congédié. Ce juif capable de tout est tout à fait l'homme qu'il me faut pour l'expédition que je médite; si je réussis, je vous l'écrirai.

Votre amie,

MARIE-ANNE.

P. S. — Ce d'Héloé! Grâce à lui, à Sfax, j'ai failli manger de la pieuvre frite, oui, ma chère, de la pieuvre, quelle horreur! Les Arabes en sont très friands, mais il est vrai qu'en revanche on nous sert ici des fenouils absolument délicieux, et, à Tunis, j'ai fait connaissance avec les asperges indigènes, un étrange légume tout mince et tout flexible, l'air de pousse de houblon, mais d'une ravigotante amertume, une saveur bien spéciale presque apéritive; il y a donc des compensations.

A Monsieur le comte Albert de Chasteley,
rue de la Pompe, Passy.

Ce 11 février.

Mon cher ami,

Vous n'aviez pas menti, mieux, vous n'avez pas exagéré; Tripoli est une merveille, merci. Je n'y ai pas vu danser, les yeux mouillés de kolh et tirés sur les tempes, les danseurs arabes que vous m'aviez prédits, la police turque est intervenue entre votre départ et notre arrivée; mais l'oasis est une féerie, la ville une imagination des *Mille et une Nuits*, et, malgré sa saleté et même malgré la pluie que nous avons trouvée au débarqué, j'aime et j'adore Tripoli, j'aime ses soldats en haillons, j'aime ses dames turques à peine voilées, j'aime ses convois de chameaux et ses nomades du désert; le consul nous a fait un accueil charmant et tout se passerait à souhait sans Mme Baringhel.

Je ne sais ce qui lui est arrivé, mais je ne reconnais plus notre bonne amie. Il faut que l'Orient lui ait tourné la tête ou que Barbouchi, dans les souks, lui ait servi quelque café maléficié... *Elle* n'a plus le sens moral.

A quoi donc s'attendait-elle en venant en Tunisie? Je n'ose même pas le soupçonner. Elle ne rêve que brigands, arrestations à main armées, abordages et pirates; elle est trépidante, énervante, énervée et dans la surexcitation fébrile d'une femme à qui rien n'arrive, et qui s'attend à tout.

Oh! l'imagination des femmes, plus rapide encore que celle de l'Arabe qu'on dit être galopante! Je crois, parole d'honneur, que notre pauvre amie avait rêvé d'un enlèvement au sérail; je lui savais, certes, de la curiosité, mais pas celle-là. C'est tout juste si j'ai pu l'empêcher de venir aux bains maures et aux heures des hommes, car aux heures des femmes, je ne connais pas de jour où elle y ait manqué... Déjà, à Tunis, où son passage avait quelque peu remué l'opinion il y a quatre ans, elle a été bien étourdie dans les souks, et de la Résidence on m'avait officieusement prévenu d'éviter de la conduire dans les cafés maures... Les indigènes nous méprisent déjà tant à cause de la liberté de nos femmes et de l'abomination de leur visage non voilé. Vous savez comme moi qu'ils les considèrent comme des chiennes et les tiennent juste dans la piètre estime que nous avons, nous, des pierreuses : mais allez donc convaincre de ces vérités un cerveau de Parisienne férue de l'Orient comme d'un conte de fée! Jusqu'à Sfax, Mme Baringhel a pris son mal en patience, en ma patience, surtout, mais, à Tripoli!... A Tripoli, elle s'est cru tout permis, vos récits l'avaient montée. A Tripoli, où justement l'Européen est tout ce qu'il y a de plus surveillé, Tripoli où chaque consulat est presque responsable des faits et gestes de ses nationaux, ne s'était-elle pas mis en tête d'aller voir Karagheuss... le Karagheuss de Tripoli, ce formidable bretteur qui passe au fil de l'épée le mufti, les passants, le juif, sa femme, les chameaux et son père! Et devant quelle assistance? Vous pensez si je m'y suis refusé.

Eh bien! elle a trouvé le moyen d'y aller (oui, mon cher, elle a soudoyé un misérable, mais vous le connaissez, Isaac, votre Isaac, votre guide recommandé. Comment avez-vous pu m'indiquer cette ignoble fripouille? il ne paie pas de mine d'ailleurs, et, sans votre lettre... au bout de deux jours il était chassé... une familiarité!) donc, elle a circonvenu, avec quelle facilité, cet immonde Isaac, et, profitant de ce que j'étais sorti, par un certain respect humain pourtant elle s'est déguisée en homme et, revêtant mon grand pardessus de voyage, une de mes casquettes sur la tête, elle est partie en guerre avec l'ex-légionnaire et est allée à Karagheuss, puisque Karagheuss était son idée.

Que s'est-il passé? Toujours est-il que son stratagème a été découvert, son identité reconnue, que sa présence au Karagheuss a fait scandale, que son déguisement, loin d'atténuer les choses, les a extraordinairement aggravées; qu'on lui a prêté le désir des pires aventures, des plus étranges curiosités. Elle m'est revenue à l'hôtel à dix heures, huée et escortée par une foule furieuse! Ces Turcs, ils semblaient tous hors d'eux d'avoir été trompés. Il faut dire aussi, qu'ainsi costumée notre bonne amie était tout à fait charmante, toute une révélation; Mme Baringhel porte le travesti à ravir, Lavallière-Mallet! Bref, je sors de chez le consul qui m'a fait appeler; nous sommes la fable de la ville, et nous partons à trois heures, abreuvés de toutes les hontes. Heureusement que notre amie avait attendu la veille de notre départ pour mettre à exécution son projet. Ah! cet Isaac, si je le tenais! Du reste, mon cher, vous êtes l'imprudence même, d'une inconséquence, d'une légèreté! Qu'est-ce que ce spahi de Gabès qui doit entrer dans vos écuries à l'expiration de son congé? Jugez vous-même. En rade de Gabès, pendant la traversée, je descends à terre, un télégramme à envoyer... l'unique rue que vous savez, des sables, des palmiers et des Italiens pour me renseigner ; j'avise un grand spahi indigène, celui-là saura au moins deux mots de français, me dis-je ; je l'aborde donc et lui demande la poste ; alors, mon Arabe avec un large sourire : « Oh! moi, parler français, moi être allé à Paris, toi Parisien, la poste, il est là ; viens, moi t'y conduire, moi avoir des amis là-bas, moi connaître un Parisien, un comte, moi aller chez lui à Paris dans ton pays, fini congé, M. Albert de Chasteley, moi entrer chez lui comme coucher. » J'ai compris cocher, mais avouez que c'est déplorable.

Je vous pardonne quand même les ennuis que je vous dois, car le pays est vraiment beau, mais, dorénavant, soyez prudent.

Sans rancune, votre

D'Héloé.

Pour copie conforme :

Jean Lorrain.

TABLE

FRUTTI DI MARE

Pages.

Marseille	1
Oran	15

EN ALGER

Tlemcen	21
Sidi-Bel-Abbès	45
Diligences d'Afrique	50
Mostaganem	55
Les chemins de fer	72
Alger sous la neige	78
Blidah	89
Les Amandiers	107
Fathma	112
Divertissements arabes	123
Banlieues d'Alger	134

UN AN APRÈS

	Pages.
D'Alger à Constantine	153
Constantine	162
El-Kantara	183
Thimgad	192
Types de Biskra	202
Printemps de Tunis	212

QUATRE ANS APRÈS

A bord de l'*Abd-el-Kader*	221
Quartiers de Tunis	230
Tunis sous la pluie	243
Comme elles voyagent	255
Tunis mystérieuse	268
Sousse	282
Comme elles voyagent	292
Sfax	305
A bord du *Tell*	311
Tripoli de Barbarie	319
Comme elles voyagent	336

www.ingramcontent.com/pod-product-compliance
Lightning Source LLC
Chambersburg PA
CBHW050747170426
43202CB00013B/2335